자기 몫의 불안을 견디고 있는

_____ 에게

**그럼에도 나는
이 삶을 사랑하므로**

# 그럼에도 나는 이 삶을 사랑하므로

헤르만 헤세 지음 | 오웅석 옮김

쫓기는 영혼을 위한

헤세의 편지

더퀘스트

일러두기

* 주석기호(•)로 표기된 단어 및 표현에 대한 설명은 책 뒤쪽 '용어집'에서 확인하실 수 있습니다.

차례

1부

이토록 사소한 기쁨으로도

작은 기쁨	10
농가	18
산길	24
다리	30
농장	36
나무	42
은신처	48
가장 먼저 핀 꽃	58
외로운 밤	59
복숭아나무	60
꽃들 또한	67
바다 위에서 보내는 밤	68
장엄한 야상곡	70

2부

어둠이 지나고 난 다시 잠들 수 있을 테니

구름 낀 하늘	76
붉은 집	81
나의 일기	87
방랑길에서(크눌프를 회상하며)	99
행복	100
어린 시절	117
소년들에게	118
한밤중에 친구를 생각하며	120
비 오는 날	123
한낮의 휴식	129
붓다의 말씀	134
운명	141
노년에 대하여	142

(3부)

자신의 영혼을 외면하지 않는 삶

영혼에 관하여	150
젊은 시인에게 보내는 편지	166
시인	174
환상	176
온갖 죽음	186
책 읽기에 대하여	188
신학에 대한 단상	199
이집트 조각상 전시회에서	219
삶의 철학을 향한 우리 시대의 갈망	222

용어집	232
필사	243

1부

이토록 사소한 기쁨으로도

작은 기쁨

(1905년)

오늘날 사람들은 대부분 무미건조하고 사랑도 없는 암울한 삶을 살아간다. 예민한 정신의 소유자들은 예술적 감동이 없는 삶의 방식에 답답하고 고통스러워하며 세상으로부터 물러난다. 예술과 문학에서는 사실주의가 잠시 전성기를 누린 뒤로 사방에서 불만이 터져 나오고 있는데 그중에서 가장 두드러진 증상은 르네상스와 신낭만주의에 대한 향수다.

교회는 "당신들에게 부족한 것은 믿음이오!"라고 외치고 아베나리우스*는 "당신들에게 부족한 것은 예술이오!"라고 말한다. 그들이 옳을지도 모르겠다. 그러나 내 생각에 우리에게 부족한 것은 기쁨이다. 고양된 인식이 삶에 선사하는 열정, 삶이 축제처럼 행복한 것이라고 여기는 인생관, 르네상스 시대에 우리를 현혹하고 매료시켰던 바로 그 요소다. 기쁨을 빼앗는 가장 위험한 적은 바로 매 순간에 높은 가치를 부여하며 분주함을 가장 중요한 인생의 목표로 삼는 사고방식이다. 우리는 지난 시대의 전원시나 감상적인 여행기를 읽으며 아련하게 미소 짓는다. 선조들은 뭔가를 할 시간이 그렇게나 많았단 말인가? 언젠가 나는 프리드리히 폰 슐레겔*이 쓴 게으름에 대한 전원시를 읽으며 이런 생각을 지울 수 없었다. '만약 그대가 우리처럼 바쁘게 일해야 했다면 얼마나 깊은 한숨을 내쉬었을까!'

오늘날 우리 삶의 이런 조급함이 어린 시절부터 우리에게 해로운 영향을 미쳐왔다는 것은 부정할 수 없는 현실이다. 더욱 안타까운 점은 분주한 현대 생활로 말미암아 얼마 되지 않는 여가마저 사라지고 있다는 것이다. 심지어 일에 대한 압박만큼이나 우리가 즐기는 방식도 신경을 갉아먹고 피로를 유발한다. '되도록 많이, 되도록 빨리'가 우리 시대의 구호가 되었다. 그 결과 오락은 점점 늘어나지만 기쁨은 점점 줄어들고 있다. 마을과 도시에서 열리는 큰 축제나 현대 대도시의 유흥가에 가본 사람이라면 탐욕스럽고 광기 어린 눈빛에 일그러진 얼굴들과 마주친 불쾌하고 고통스러웠던 순간을 잊지 못할 것이다. 이렇듯 영원히 만족하지 못하고 병적으로 쾌락을 추구하는 모습은 극장과 오페라하우스, 콘서트홀과 미술관에서도 펼쳐진다. 이제는 현대미술 전시회 방문이 즐거운 경험이 되는 경우도 드물다.

부자라고 해서 이런 불행에서 벗어날 수 있는 것은 아니다. 그들이라면 그렇게 살지 않아도 될 것 같아 보이지만 실제로는 그렇지 않다. 높은 지위를 유지하려면 세상의 흐름에 동참하고 뒤처지지 않게 잘 따라야 한다.

다른 사람들과 마찬가지로 나 역시 이런 병폐를 해결할 뾰족한 방법을 아는 것은 아니다. 다만 이제는 완전히 구식이 되어버린 내 나름의 오래된 방식을 소개하고자 한다. "적당히 즐기면 즐거움은 두 배가 된다." 그리고 "작은 기쁨들을 소홀히 여기지 말라"!

다시 말해 나는 절제를 이야기하는 것이다. 어떤 집단에서는 초연을 관람하지 않기 위해 용기를 내야 한다. 좀 더 큰 집단에서는 새로 출간된 서적을 몇 주가 지나도록 읽지 않고 지내는 일에도 용기가 필요하다. 더더욱 큰 집단에서는 하루라도 신문을 읽지 않으면 남들의 웃음거리가 된다. 하지만 그런 용기를 발휘하고도 후회하지 않는 이들이 분명히 있다.

어떤 사람이 정기 관람권을 끊어놓고 2주에 한 번씩만 극장에 간다고 해서 그가 손해를 본다고 생각하지 말라. 장담하

건대 그렇게 해도 그 사람은 얻는 것이 있다.

당신이 전시회에서 수많은 그림을 한꺼번에 둘러보는 데 익숙한 사람이더라도 기회가 되는 날에는 단 하나의 걸작을 놓고 1시간 이상 감상해보라. 분명 얻는 것이 있을 것이다.

다독가도 같은 방법을 적용할 수 있다. 처음에는 신간에 관한 대화에 낄 수 없어 답답함을 느끼거나 사람들에게 비웃음을 살지도 모른다. 그러나 머지않아 스스로 여유롭게 웃을 수 있을 것이다. 이 같은 절제를 실천하기 어려운 상황이라면 일주일에 한 번쯤은 밤 10시에 잠자리에 드는 습관을 들여보라. 약간의 시간과 즐거움을 희생할 때 얼마나 훌륭한 보상이 돌아오는지 알면 감탄을 금치 못할 것이다.

'작은 기쁨'을 누리는 능력은 절제하는 습관과 밀접하게 연관된다. 누구나 갖고 태어나는 이 능력은 현대의 일상에서 크게 손상되고 상실된 것들, 다시 말해 유쾌함, 사랑, 시적 감수성을 전제로 하기 때문이다. 이런 기쁨은 가난한 사람들에게도 주어지지만 몹시 소박하고 일상 곳곳에 흩어져 있어 노동에 매여 둔해진 마음으로는 알아차리기 힘들다. 작은 기쁨은 눈에 띄지 않고 잘 알려지지 않으며 돈도 들지 않는다! (희한하게도 정작 가난한 사람들은 가장 아름다운 기쁨은 돈이 들지 않는다는 사실을 모른다.)

앞서 언급한 여러 기쁨 가운데에서 으뜸은 일상에서 자연과 만나며 얻는 즐거움이다. 우리의 눈, 혹사당하고 피로에 지친 현대인의 눈은 마음먹기만 하면 무한한 기쁨의 원천이 될 수 있다. 나는 아침 출근길에 많은 사람을 마주친다. 그들 역시 이제 막 잠자리에서 기어 나온 듯한 얼굴로 비틀거리며 빠른 걸음으로 거리를 지난다. 대부분은 길바닥을 쳐다보거나 기껏해야 지나가는 사람들의 옷차림이나 얼굴만 힐끗 보곤 서둘러 걸어간다. 사랑하는 친구들이여, 고개를 들어라! 한 번이라도 고개를 들면 어디서든 나무 한 그루나 드넓은 하늘을 볼 수 있다. 하늘이 푸르지 않아도 괜찮다. 햇살은 어떤 식으로든 항상 느껴질 테니. 아침마다 잠시 하늘을 올려다보는 습관을 들여보라. 그러면 문득 주변의 공기가, 수면이 끝난 시점과 노동이 시작되는 시점 사이에 주어진 아침의 상쾌함이 느껴질 것이다. 날마다 마주치는 집들의 지붕이 서로 다른 표정을 짓고 서로 다른 빛을 머금고 있다는 사실도 알아차릴 것이다. 그 순간에 잠깐이라도 주의를 기울이면 온종일 만족감을 느끼고 자연과 함께하는 즐거움을 누릴 수 있다. 별다른 노력 없이도 눈은 서서히 작은 자극을 전달하는 매개체가 되어 자연과 거리 풍경을 관찰하면서 일상이 주는 무궁무진한 즐거움을 포착할 것이다. 이것으로 예술가의 시선을 절반쯤 따라

잡을 수 있다. 중요한 것은 시작, 곧 눈을 뜨는 일이다.

하늘 한 편, 푸르른 나뭇가지로 뒤덮인 정원 담장, 힘찬 말, 잘생긴 개, 한 무리의 아이들, 아름다운 얼굴. 이 모든 것을 그저 놓치고 있을 것인가? 요령이 생기면 한 걸음만 내디뎌도 귀중한 것들을 볼 수 있으며 시간을 단 1분도 낭비하지 않게 된다. 게다가 이런 관찰을 하면 피곤해지기는커녕 오히려 힘이 솟고 기분이 상쾌해진다. 눈만 그런 게 아니다. 따분하거나 추한 것을 포함해 모든 사물에는 각기 생생한 빛깔이 숨어 있다. 그것을 보고자 하는 마음만 있으면 된다.

그러다 보면 명랑함과 사랑, 시가 따라오기 마련이다. 처음으로 작은 꽃 한 송이를 꺾어 일하는 동안 자기 곁에 두는 사람은 삶의 기쁨을 향한 첫걸음을 내디딘 셈이다.

내가 오랫동안 일했던 건물 맞은편에는 여학교가 있었다. 내 쪽에서는 열 살쯤 되는 여학생들의 놀이터가 보였다. 당시에 나는 할 일이 많았고 때로는 아이들이 노는 소리에 괴로워하기도 했지만 그 놀이터를 한 번 바라보는 것만으로 얼마나 큰 기쁨과 삶의 활기를 얻었는지 모른다. 아이들의 밝은색 옷, 생기 넘치는 즐거운 눈망울, 날래고 힘찬 움직임을 보고 있자면 마음속에서 인생의 즐거움이 샘솟았다. 그곳이 승마학교나 닭장이었어도 비슷했을 것이다. 주택의 외벽 같은 단색 벽

면에 빛이 비친 모습을 한 번이라도 관찰해본 사람이라면 눈을 통해 얼마나 손쉽게 만족감을 얻고 즐거워질 수 있는지 알 것이다.

예시는 이것으로 충분하다. 당신은 이 글을 읽으며 분명 여러 가지 작은 기쁨을 떠올렸을 것이다. 꽃과 과일의 향을 맡고, 자신과 타인의 목소리에 귀 기울이고, 아이들의 재잘거림을 듣는 특별한 기쁨 말이다. 콧노래를 흥얼거리거나 휘파람을 부는 일도 마찬가지다. 이토록 사소한 순간으로도 삶의 작은 즐거움이라는 빛나는 목걸이를 엮을 수 있다.

시간 부족과 무기력에 시달리는 이들에게 내가 해주고 싶은 조언이 있다. 매일 작은 기쁨을 되도록 많이 찾아 누리고, 가닿기 힘든 커다란 기쁨은 휴일 같은 적당한 때를 위해 아껴두라. 일상에서 쉼이 되어주고 기운을 북돋우며 짐을 덜어주는 것은 커다란 기쁨이 아니라 작은 기쁨이다.

처음으로 작은 꽃 한 송이를 꺾어

일하는 동안 자기 곁에 두는 사람은

삶의 기쁨을 향한 첫걸음을 내디딘 셈이다.

농가

 이 집에서 나는 작별을 고한다. 한동안은 이런 집을 다시 볼 수 없으리라. 알프스 고개에 가까워지면서 북방의 독일식 건축, 독일의 시골 풍경, 독일어는 여기서 끝난다.

 경계를 넘는다는 것은 얼마나 멋진 일인가. 유목민이 농부보다 더 원시적이듯이 방랑자는 여러 면에서 원시적인 인간이다. 그러나 정착의 경계를 넘어가고자 하는 갈망 덕분에 나 같은 이들은 미래를 가리키는 이정표가 된다. 만약 나처럼 나라 사이의 경계를 끔찍이도 싫어하는 이가 많았다면 더 이상의 전쟁도 봉쇄도 없었으리라. 이 세상에서 국경만큼 혐오스럽고 거북한 것도 없다. 국경은 대포나 장군과 같아서, 이성과 인류애, 평화가 지속될 때는 아무도 의식하지 못하고 지내지만 일단 전쟁과 광기가 고개를 들면 절박하고 신성한 것으로 둔갑하기 때문이다. 전쟁이 계속되는 동안 국경은 우리 방랑자들에게 얼마나 고통스러운 감옥이었던가! 저주받을 것 같으니라고!

수첩을 꺼내 이 집을 그리는 동안 슬프게도 내 시선은 독일식 지붕, 독일식 골조와 상단부 등 내가 사랑하고 익숙한 것들과 작별한다. 떠나야 하기에 고향의 면면을 다시 한번 마음속 깊이 사랑하게 된다. 내일이면 나는 또 다른 지붕, 또 다른 오두막을 사랑하게 될 것이다. 흔히 연애편지에 쓰는 말과 달리 이곳에 마음을 두고 떠나지는 않으리. 오히려 나는 내 마음을 챙겨가련다. 산 너머 저편에 가서도 마음은 언제나 필요할 테니. 나는 농부가 아니라 유목민이다. 변덕과 변화, 환상을 숭배하는 사람이다. 나의 사랑을 세상 어느 한 곳에만 매어두는 일은 하지 않으리라. 내 생각에 우리가 사랑하는 모든 것은 하나의 상징에 불과하다. 우리의 사랑이 하나의 사물, 하나의 신념, 하나의 미덕에 지나치게 집착한다면 그것이야말로 못 미더운 일이다.

농부에게 축복이 있을지어다! 이곳을 소유한 자, 이 땅을 일구는 자, 성실한 자와 덕망 있는 자에게 축복이 있을지어다! 그런 사람을 사랑할 수도 있고 존경하거나 부러워할 수도 있다. 그런데 나는 그런 사람의 삶을 흉내 내느라 인생의 절반을 허비했다. 내가 아닌 다른 무언가가 되고 싶었다. 나는 시인이 되기를 꿈꾸는 동시에 중산층 시민이기를 원했다. 예술가이자 공상가이기를 바라면서도 좋은 사람, 편한 사람이 되고자 했다. 그러다 오랜 시간이 지난 뒤에야 결국 인간은 두 가지 모두가 될 수는 없으며, 나는 농부가 아니라 유목민이고 지키는 자가 아니라 찾아 나서는 자임을 깨달았다. 나는 오랫동안 신들과 계율 앞에서 나 자신을 책망했지만 그것들 역시 내게는 우상일 뿐이었다. 이것이 바로 나의 잘못이자 괴로움이었고 결국엔 세상이 겪는 고통에 일조한 셈이었다. 나는 스스로에게 폭력을 가했고 나 자신의 구원을 향해 나아갈 용기를 내지 못했기에 세상의 죄와 괴로움을 더욱 키운 것이다. 구원으로 가는 길은 좌로도 우로도 향해 있지 않다. 그 길은 오로지 자신의 마음을 향해 나 있을 뿐이다. 오직 그곳에만 신이 있고 오직 그곳에만 평화가 있다.

  눅눅한 산바람이 불어와 나를 스쳐 지나고, 저 너머로 푸른 하늘이 다른 나라들의 땅을 내려다보고 있다. 난 그 하늘 아래에서 때로는 행복해하고 때로는 고향을 그리워하리라. 완벽한 방랑자라면 향수병 따위는 생각하지 말아야 한다. 하지만 나는 완벽한 사람이 아니고 완벽해지려고 애쓰지도 않는다.

나는 기쁨을 맛보듯 향수도 맛보고자 한다.

지금 내게 불어오는 바람은 저 멀리 여러 분수령과 낯선 언어, 산줄기와 남쪽 지방의 내음을 머금고 있다. 이 바람에는 약속이 가득하다.

잘 있거라 작은 농가여, 고향의 정경이여! 젊은이가 어머니를 떠나듯 나는 너를 떠난다. 젊은이는 어머니 곁을 떠나야 할 때가 되었음을, 동시에 아무리 애써도 어머니를 완전히 떠날 수는 없음을 잘 알고 있다.

시골 묘지

담쟁이덩굴이 드리운 십자가들 사이로
부드러운 햇살과 향기 그리고 벌들의 노래

축복받은 이들이여 아늑한 곳에 누워
선한 대지의 가슴에 포근히 안겨 있구나

축복받은 이들이여 조용히 이름도 없이, 고향으로 돌아가
어머니의 무릎에서 안식을 얻었도다

그러나 귀 기울이면 벌떼와 꽃망울 사이에서
삶을 향한 그리움의 노래가 들린다

꿈이 뒤엉킨 뿌리 사이로
오래전 죽은 존재가 빛을 향해 깨어나니

어둠 속에 묻혀 있던 삶의 잔해들은
모습을 바꾸며 실재를 요구하고

여왕이신 대지의 어머니는
생명을 낳는 고통에 몸을 떠니

텅 빈 무덤 속 평화라는 달콤한 보물은
한밤의 꿈처럼 부드럽게 흔들린다

죽음의 꿈은 그저 어두운 연기일 뿐
그 아래에는 삶의 불꽃이 타오르고 있구나

구원으로 가는 길은 (…)

오로지 자신의 마음을 향해 나 있을 뿐이다.

산길

 이 당차고 좁은 길 위로 바람이 불어온다. 이곳에는 나무와 덤불은 없고 돌과 이끼만 자라고 있다. 여기서는 무언가를 찾겠다는 사람도 무언가를 가지려는 사람도 없다. 이 위에서는 농부조차 건초나 장작을 갖고 있지 않다. 그러나 저 멀리서 나를 향해 손짓하는 갈망이 깨어나, 바위와 늪과 눈을 넘어 근사한 오솔길을 마련해놓았다. 이 길은 다른 골짜기로, 다른 집들로, 다른 언어와 다른 사람들에게로 이어진다.
 고갯길 가장 높은 곳에 이르러 걸음을 멈춘다. 양쪽으로 내리막길이 있고 물줄기도 양쪽으로 갈라져 흐르니, 이제껏 함께이던 것들이 갈라져 서로 다른 두 세계로 향한다. 내 신발을 적시는 작은 웅덩이에 고인 물은 북쪽을 향해 저 멀리 차가운

바다로 흘러든다. 그런데 바로 그 옆에 있는 작은 눈더미에서 녹아내린 물은 남쪽으로 흘러 리구리아 지역이나 아드리아 해안을 따라 아프리카 대륙과 맞닿은 바다에 이른다. 하지만 어차피 이 세상의 모든 물은 언젠가 서로 다시 만나고, 북극해와 나일강의 물도 비구름 안에서 다시 뒤섞이지 않던가. 오래전부터 이어져온 이 아름다운 모습을 떠올리니 나의 시간도 거룩하게 느껴진다. 마찬가지로 우리 방랑자들이 걷는 모든 길도 결국은 고향으로 이어지리라.

아직은 북쪽과 남쪽 모두 내 시야에 들어오기에 어디든 고를 수 있다. 하지만 쉰 걸음만 더 가면 내 앞에는 남쪽만 펼쳐질 것이다. 푸른 골짜기들이 내뿜는 공기는 얼마나 신비로운지! 심장은 또 얼마나 두근거리는지! 호수와 정원을 예고하는 포도주와 아몬드 향기가 피어오르니, 마치 로마를 향한 갈망과 순례에 관한 고대의 거룩한 이야기가 들려오는 듯하다.

저 멀리 골짜기에서 울려 퍼지는 종소리처럼 젊은 시절의 추억이 몰려온다. 남쪽으로 떠났던 첫 여행의 황홀한 설렘, 푸른 호숫가 정원에서 넘쳐나는 공기를 취할 듯이 들이마셨던 경험, 저녁이면 점점 어두워지는 설산 너머로 머나먼 고향을 향해 귀 기울이던 순간! 고대의 성지 앞에서 올린 첫 번째 기도! 갈색 바위 뒤편으로 파도 거품을 일으키던 바다를 처음으로 마주한 꿈같은 순간!

이제 그런 기쁨은 사라졌고, 사랑하는 모든 이에게 저 멀리 아름다운 광경과 나의 행복을 보여주고 싶은 갈망도 사라졌다. 내 가슴속 봄은 지나갔고 이제 여름이 찾아왔다. 낯선 세상이 건네는 인사말이 예전과 다르게 들리고, 가슴속에 울리던 메아리는 잠잠해졌다. 나는 모자를 벗어 공중에 던지지도 않고 노래를 부르지도 않는다.

그러나 나는 미소 짓는다. 입으로뿐 아니라 영혼으로, 눈으로, 온몸으로 미소 짓는다. 그리고 내게 향기를 실어 보내는 이곳 풍경을 마주할 때 예전과는 다른 느낌으로, 더욱 섬세하고 고요하며 좀 더 정제되고 익숙하면서도 더욱 감사하는 마음으로 대한다. 이 모든 것이 어느 때보다 마음 깊이 스며들면서 수백 가지 뉘앙스로 다채롭게 말을 건넨다. 이제 더는 베일에 싸인 아득한 저편을 꿈결 같은 빛깔로 칠하려고 들지 않는다. 바라보는 법을 알게 된 내 눈은 존재하는 사물 자체의 모습에 만족한다. 그러자 세상은 예전보다 더욱 아름다워졌다.

세상은 더욱 아름다워졌다. 나는 혼자이지만 외로움에 괴로워하지 않는다. 나는 있는 그대로를 바랄 뿐 그 이상은 아무것도 바라지 않는다. 햇볕 아래에서 완전히 익을 때까지 나 자신을 내맡길 준비가 되었다. 나는 기꺼이 익어가기를 열망하노

라. 나는 죽음을 맞을 준비도, 다시 태어날 준비도 되어 있다. 세상은 더욱 아름다워졌다.

밤길을 걸으며

늦은 밤 먼지 쌓인 길을 걷는다
담장 그림자가 드리우고
덩굴진 포도나무 사이로
시냇물과 길 위에 달빛이 비친다

그 옛날 부르던 노래들을
다시 나지막이 흥얼거리니
숱한 여정의 그림자가
내가 가는 길을 가로지른다

바람과 눈, 오랜 뙤약볕의 열기가
내 발걸음을 좇아 메아리치고
여름밤과 푸른 번개,
폭풍과 여행의 고단함이 스민다

짙게 그을린 채
세상의 풍요로움에 빠져 있다가도
문득 어딘가로 이끌리는 기분이 든다
길이 어둠 속으로 사라질 때까지

바라보는 법을 알게 된 내 눈은

존재하는 사물 자체의 모습에 만족한다.

그러자 세상은 예전보다 더욱 아름다워졌다.

다리

길은 산속 시냇물을 건너는 다리를 지나 폭포로 이어진다. 나는 이 시냇물을 건너본 적이 있다. 사실 여러 번 건너봤지만 그중 한 번의 경험이 굉장히 특별했다. 당시는 아직 전쟁 중이었고 내가 휴가의 막바지를 보낼 무렵이었다. 늦지 않게 부대에 복귀해야 했기에 자동차와 기차를 타고 서둘러 움직였다. 전쟁과 직책, 휴가와 복귀, 적색 증서와 녹색 증서, 각하, 장관, 장군, 정부 기관까지. 이 모든 게 얼마나 말도 안 되는 허깨비 같은 세계란 말인가. 그러나 그런 세계는 살아 있었을 뿐 아니라 대지를 오염시켰고, 나팔 소리 한 번으로 방랑자이자 수채화가인 나 같은 하찮은 사람까지 은신처에서 끌어낼 만큼 막강한 힘이 있었다. 그날 나는 초원과 포도밭을 지났다. 저녁이

다가오던 때라 다리 아래 시냇물이 어둠 속에서 흐느꼈고 젖은 갈대는 몸을 떨었으며 점점 어두워지는 저녁 하늘에 차가운 장밋빛이 번졌다. 곧 있으면 반딧불이가 나타날 시간이었다. 이곳의 돌멩이 하나까지 어느 것 하나 사랑하지 않은 것이 없었다. 신의 비밀스러운 방에서 흘러내린 폭포의 물 한 방울까지 감사하지 않은 것도 없었다. 그러나 결국 이 모든 건 아무것도 아니었다. 물에 젖어 늘어진 덤불을 향한 나의 사랑은 한낱 감상일 뿐 현실은 전혀 달랐다. 현실은 전쟁통이었다. 장군의 입에서, 상관의 입에서 지시가 떨어지면 나는 달려야 했고 세상의 모든 골짜기에서 튀어나온 수천 명도 함께 달려야 했다. 격동의 시대가 열린 것이다. 순종하는 가여운 짐승인 우리는 있는 힘껏 내달렸고 그럴수록 시대는 더욱 요란해졌다. 그러나 여정 내내 다리 아래 시냇물의 노래가 귓가를 떠나지 않았고, 저녁 하늘 아래로 달콤한 고단함이 메아리처럼 퍼지자 모든 게 한없이 어리석고 슬프게 느껴졌다.

이제 우리는 다시 걷는다. 각자 자신의 시냇물을 지나 자신의 길을 따라 걸으며 예전과 같은 세상을, 덤불과 경사진 초원을 지치고 차분해진 눈으로 바라본다. 우리는 땅속에 묻힌 친구들을 떠올려보지만 어쩔 수 없었다는 사실만 알 뿐, 별 다른 도리 없이 슬픔을 견뎌낸다.

하지만 희고 푸른 빛을 띠는 아름다운 냇물은 여전히 갈색 산을 따라 흐르며 옛 노래를 부르고, 덤불에는 검은 새들이 잔뜩 앉아 있다. 멀리서 들리던 나팔 소리가 그치자 그 대단했던 시대는 다시금 마법으로 가득한 낮과 밤, 아침과 저녁, 한낮과 황혼으로 채워졌다. 인내심 강한 세상의 심장은 계속 뛰고 있다. 초원에 누워 대지에 귀를 대거나, 다리 위에서 물을 향해 몸을 기울이거나, 찬란한 하늘을 오랫동안 바라보고 있노라면 우리 모두를 자식으로 둔 어머니의 위대하면서도 조용한 심장 소리가 들려온다.

내가 이곳을 떠나던 그날 저녁을 떠올리자니 멀리서 슬픔이 들려온다. 저 먼 곳의 푸르름과 향기는 전쟁도 비명도 전혀 알 리가 없으리.

언젠가는 내 삶을 비틀고 괴롭히며 깊은 고통에 빠뜨렸던 모든 것이 사라질 것이다. 최후의 고단함과 함께 평화가 찾아오면 대지의 어머니가 나를 다시 품어주리라. 그것은 끝이 아니라 다시 태어나는 하나의 방식이며, 늙고 시든 것이 잠기고 젊고 새로운 것이 숨을 쉬기 시작하는 목욕이자 수면이다.

그때가 되면 나는 다른 생각을 품은 채 이런 거리를 거닐며 시냇물 소리에 귀 기울이고, 저녁 하늘의 속삭임을 몇 번이고 엿들으련다.

찬란한 세상

늙어서나 젊어서나 항상 느끼듯
한밤의 산, 발코니에 서 있는 말 없는 여인
달빛 아래 부드럽게 굽어진 하얀 거리
이런 그리움이 불안한 마음을 찢어놓는다

오 불타는 세계여, 오 발코니의 하얀 여인이여
계곡에서 짖어대는 개여, 저 멀리서 굴러오는 기차여
오 너희는 얼마나 거짓말을 했던가, 얼마나 쓰라리게 나를 속였던가
그렇지만 여전히 너희는 내게 가장 달콤한 꿈과 망상이로다

가끔은 끔찍한 '현실'의 길로 들어가고자 했다
직업, 법률, 유행, 환율이 중요한 그곳으로
그러나 이내 염증을 느껴 홀로 훌쩍 도망쳤다
꿈과 축복받은 어리석음이 솟구치는 곳으로

나무 사이로 불어오는 후텁지근한 밤바람, 검은 집시 여인
어리석은 갈망과 시인의 숨결이 가득한 세상이여

나 항상 네게 돌아오리라, 찬란한 세상이여
네 번개가 나를 향해 번쩍이고, 네 목소리가 나를 부르는 그곳으로!

어리석은 갈망과 시인의 숨결이 가득한 세상이여

나 항상 네게 돌아오리라, 찬란한 세상이여

농장

알프스 남쪽 기슭에 자리 잡은 이 축복받은 땅을 다시 마주할 때면, 나는 마치 유배지에서 돌아온 것처럼 마침내 산줄기의 올바른 쪽에 와 있다는 기분이 들곤 한다. 이쪽에서는 햇빛이 좀 더 살갑게 내리쬐고 산이 한층 진한 붉은빛으로 빛난다. 밤과 포도, 아몬드와 무화과가 자라고 사람들은 가난해도 선량하면서 교양 있고 친절하다. 그들이 만든 것은 무엇이든 자연이 직접 길러낸 것처럼 훌륭하고 섬세하며 정감 넘친다. 집과 담벼락, 포도밭으로 올라가는 계단, 오솔길, 농장, 테라스 모두 새것은 아니지만 그렇다고 낡지도 않았다. 모든 게 억지로 꾸미거나 자연을 모방한 것이 아니라 들판과 나무, 이끼처럼 저절로 생겨난 듯 보인다. 포도밭 담장이든 집이든 지붕이든 하나같이 똑같은 갈색 돌로 지어져 형제처럼 닮았다. 이곳에는 낯설거나 적대적이거나 억지스러운 것 하나 없이 모두가 이웃처럼 다정하고 평온해 보인다.

아무 데나 편히 앉아보라. 담벼락이든 돌이든 그루터기든. 풀밭이나 흙바닥 위라도 괜찮다. 어디를 둘러봐도 그림 한 폭, 시 한 편이 펼쳐지고, 사방에서 아름답고 행복한 세상의 울림이 당신을 에워싼다.

이곳은 가난한 농부들이 살고 있는 농장 지대다. 이들은 소 한 마리 없이 오로지 돼지, 염소, 닭만 키우고, 포도나 옥수수 같은 과일과 채소를 재배한다. 집은 바닥과 계단까지 전부 돌로 지어졌는데, 돌을 다듬어 만든 계단은 두 돌기둥 사이를 지나 안뜰로 이어진다. 자라나는 풀과 바위 사이로 곳곳마다 호수의 윤슬이 푸르게 반짝인다.

생각과 슬픔 따위는 산줄기 저편에만 있는 듯하다. 고통받는 사람들과 추한 수작들 사이에서나 그토록 깊이 생각하고 슬퍼하게 되는 것이리라! 저편에서는 살아갈 이유를 찾는 일이 너무나 어렵고 절실하게 중요하니 말이다. 그러지 않고서 어떻게 살아가겠는가? 통렬한 비참함은 사람을 심각하게 만든다. 하지만 이곳에는 어떤 문제도 없고, 존재 자체에는 따로 이유가 필요 없기에 생각은 그저 놀이가 된다. 세상은 아름답고 인생은 짧다는 사실을 새삼스레 깨닫는다. 그렇지만 어떤 갈망은 채워지지 않는다. 눈이 두 개 더, 폐도 하나 더 있었으면 좋았을 텐데. 풀밭에 다리를 뻗자니 다리가 좀 더 길었으면 좋았겠다는 욕심도 생긴다.

내가 거인이라면 만년설 덮인 알프스 산자락에 머리를 대고 염소 떼 사이로 몸을 뉘고는 저 아래 깊은 호숫물을 발끝으로 첨벙거리리라. 그렇게 누운 채 다시는 일어나지 않을 테니, 손가락 사이로는 덤불이 자라고 머리카락에는 알프스 들장미가 피어나겠지. 내 무릎은 알프스 산언덕이 되고 내 몸 위로는 포도밭이 펼쳐지고 집과 예배당이 설 것이다. 그렇게 만 년 동안 그곳에 누워 하늘을 올려보고 호수를 바라보며 지내리라. 내가 재채기하면 천둥번개가 친다. 입김을 불면 눈이 녹고 폭포가 춤춘다. 내가 죽으면 온 세상이 함께 죽는다. 그러면 나는 새로운 태양을 가지러 세상의 바다를 건너 여행을 떠나리라.

오늘 밤 나는 어디서 잠들게 될까? 아무래도 좋다! 세상엔 무슨 일이 일어나고 있는 걸까? 새로운 신들이 발견되고 새로운 법칙이나 새로운 자유가 생겨났는가? 아무래도 좋다! 어찌 되었든 이 위에서는 한 송이 앵초에 꽃이 피고 은빛 솜털이 올라온 이파리가 돋아난다. 저 아래 미루나무 사이로 부드럽고 달콤한 바람이 노래하고, 내 두 눈과 하늘 사이로는 진한 황금빛 꿀벌 한 마리가 윙윙거리며 맴돈다. 내게는 이게 중요하다. 꿀벌은 행복의 노래를, 영원의 노래를 흥얼거린다. 그 노래가 바로 내 세상의 역사다.

비

기분 좋은 비, 여름비가
덤불 사이로 나무 사이로 소록소록 떨어진다
오, 얼마나 즐겁고 축복이 넘칠까
다시 한번 흠뻑 꿈에 젖는다면!

오랫동안 밝은 바깥에서 지냈더니
이런 흔들림이 익숙지 않다
내 영혼의 집 안에만 머물며
다른 곳에는 눈길이 가지 않는다니

아무런 소원도 아무런 열망도 없이
어린아이처럼 나지막이 흥얼거려본다

그러면 놀랍게도 난 고향으로 돌아간다
따뜻하고 아름다운 꿈속에서

마음이여, 너는 얼마나 찢기고 상처받았는가
또 얼마나 축복받았는가, 눈 감은 채 헤집으며
생각할 것도 없고 알아야 할 것도 없이
그저 숨 쉬고 그저 느끼기만 하면 되니!

존재 자체에는 따로 이유가 필요 없기에

생각은 그저 놀이가 된다.

세상은 아름답고 인생은 짧다는 사실을 새삼스레 깨닫는다.

나무

나무는 늘 내게 가장 감명을 주는 설교자였다. 나는 크고 작은 숲에서 무리를 이루며 살아가는 나무들을 숭배한다. 그런데 그보다 더욱 숭배하는 것은 홀로 서 있는 나무다. 그런 나무는 고독한 사람과도 같은데, 나약함 때문에 슬며시 도망쳐 숨어버린 은둔자가 아니라 베토벤이나 니체처럼 위대하면서도 고독한 인물 같은 존재다. 가장 높은 가지에서는 세상이 바스락거리고 뿌리는 무한 속에 박혀 있다. 하지만 그들은 그 속에서 자신을 잃어버리지 않고 온 생명의 힘을 다해 오로지 하나를 이루기 위해, 자기 고유의 법칙을 따르고 자신만의 형태를 완성하고 표현하기 위해 애쓴다. 아름답고 강인한 나무보다 더 성스럽고 모범적인 것은 없다. 잘린 나무가 태양 아래에서 죽음의 상처를 고스란히 드러낼 때, 우리는 그루터기의 희멀건 단면에서 그 나무의 모든 역사를 읽어낼 수 있다. 나이테의 흔적에는 그 나무가 겪은 온갖 상처와 투쟁, 고난, 아픔, 그리고 모든 행복과 성장 과정뿐 아니라 궁핍했던 해와 풍요로웠던 해, 공격을 이겨내고 폭풍우를 견뎌낸 일까지도 생생하게 새겨져 있다. 단단하고 귀한 나무일수록 나이테가 촘촘하고, 고산지대의 끊임없는 위험을 버티며 자란 나무일수록 야무지고 강한 이상적인 목재라는 사실은 농부의 아들이라면 누구나 알고 있다.

나무는 성스러운 존재다. 나무와 이야기를 나누고 나무에 귀 기울일 줄 아는 사람이라면 누구나 진실을 알게 된다. 나무는 교리나 교훈을 가르치려 들지 않고, 개별적인 것을 넘어 생명의 근원적인 법칙을 들려준다.

나무는 이렇게 말한다. "내 안에는 하나의 핵과 하나의 불꽃, 하나의 생각이 숨겨져 있다네. 나는 영원한 생명에서 삶을 얻었지. 영원의 어머니가 나를 통해 시도한 모험은 유일한 것이라서, 내 모양새와 내 피부의 결도 유일하고, 내 가지에 난 작은 잎사귀의 떨림과 내 껍질에 남은 아주 작은 흉터까지도 모두 유일해. 나는 이토록 작은 특별함을 통해 영원을 형상화하고 표현하기 위해 태어난 존재라네."

또한 나무는 이렇게 말한다. "나의 원동력은 믿음이라네. 나는 나를 있게 한 조상들에 대해 아무것도 모르고, 해마다 나에게서 생겨나는 수천의 자손에 대해서도 아무것도 모르지. 나는 내 씨앗의 비밀을 끝까지 간직한 채 살아갈 뿐 그 밖의 일에는 아무 관심이 없다네. 나는 내 안에 신이 깃들어 있다고 믿어. 또한 나의 소명이 거룩하다고 믿지. 나는 이런 믿음으로 살아간다네."

슬픔에 잠겨 더 이상 삶을 견디기 어려워질 때 나무는 우리에게 이렇게 말을 건넨다. "자, 마음을 진정시키고 나를 봐! 삶은 쉽지 않지만 그렇다고 어렵지도 않아. 삶이 이런지 저런지 따져보려는 건 유치한 발상이지. 그대 안의 신이 들려주는 소리에 귀 기울이면 그런 생각들은 잠잠해질 거야. 그대의 길이 어머니와 고향으로부터 멀어지고 있어서 불안한 것뿐이야. 그렇지만 하루하루 한 걸음 한 걸음 나아가다 보면 다시 어머니에게 이르게 될 거라네. 고향이란 여기에 또는 저기에 있는 게 아니야. 고향은 그대 안에 존재하는 것이지 다른 어딘가에 있는 게 아니라고."

저녁 바람에 살랑이며 속삭이는 나무의 소리를 듣자니 방랑을 향한 갈망으로 가슴이 찢어진다. 한참 동안 가만히 그 소리에 귀 기울이면 이 갈망의 본질과 의미가 무엇인지 알게 된다. 그것은 고통에서 벗어나려는 마음처럼 보일지 모르지만 사실은 고향에 대한 그리움이자 어머니의 기억에 대한 그리움, 삶에 대한 새로운 은유를 향한 그리움이다. 이것이 우리를 고향으로 이끈다. 모든 길은 고향으로 향하고 모든 발걸음이 탄생이자 죽음이며 모든 무덤은 어머니다.

우리가 그런 유치한 생각으로 불안해하는 저녁이면 나무는 살랑이며 속삭인다. 나무는 우리보다 오래 사는 만큼 생각이 깊고 호흡도 길어 차분하다. 나무의 이야기를 듣지 않는 사람은 나무만큼 지혜로워질 수 없다. 하지만 나무에 귀 기울이는 법을 알게 되면 조급하고 경솔한 우리조차 더없는 기쁨을 얻는다. 나무의 말에 귀 기울일 줄 아는 사람은 더 이상 나무가 되기를 바라지 않는다. 그 사람은 있는 그대로의 자신 외에 다른 어떤 것이 되는 것을 원치 않는다. 그것이 바로 고향이고, 그것이 바로 행복이다.

화가의 기쁨

밭에는 곡식이 자라고 있어도 돈이 들고
초원은 철조망으로 둘러싸여 있으며

궁핍과 탐욕이 나란히 늘어서 있으니
모든 것이 무너져 가로막힌 듯 보인다

그렇지만 내 눈에는 또 다른 질서
만물의 질서가 여전히 살아 있다
보랏빛이 저물고 자줏빛이 샘솟으니
나는 그 무구한 노래를 불러본다

노랑에 노랑이, 빨강에 노랑이 어우러져
차가운 푸른빛은 장밋빛으로 물든다
빛과 색은 이 세계 저 세계로 진동하며
사랑의 물결 속에서 호를 그리며 번져간다

모든 병을 치유하는 정령이 지배하고
새로 솟은 샘에서 초록이 울려 퍼지네
세상이 새로이 의미 있게 나누어지니
마음은 기쁨과 즐거움으로 밝아진다

슬픔에 잠겨 더 이상 삶을 견디기 어려워질 때

나무는 우리에게 이렇게 말을 건넨다.

"자, 마음을 진정시키고 나를 봐!

삶은 쉽지 않지만 그렇다고 어렵지도 않아."

은신처

(1917년)

여러 해 동안 간절한 소원 한 가지가 내 곁에 있었다. 정확히 말하자면 '곁에 있다'기보다는 내 안에 뿌리를 내리고 내게서 자양분을 얻으며 내게서 힘을 빨아들였다. 마치 어떤 친척이나 친구는 우리 곁에 있으면서 우리의 온갖 보살핌을 당연하게 여기고 우리 집을 자신의 집으로, 우리 힘을 자신의 힘으로 만들듯이 말이다.

그 간절한 소원은 겉으로 보기에 매우 아름다웠으며 그리 무리한 것도 아니었다. 간단히 말해 그 소원의 대상은 은신처였다. 그 은신처는 시기마다 모습이 매우 다양했다. 어떤 때는 알프스산맥에 있는 나무꾼의 오두막이었는데, 침상이 있고 가장 가까운 이웃집까지 4시간 걸리는 곳이었다. 어떤 때는 선착장에 노 젓는 배 한 척이 매어진 루체른 호숫가의 작은 집이었다. 또 어떤 때는 바위 동굴이나 작은 폐허로, 탁 트인 밤나무 숲 근처, 가장 높은 포도밭만큼이나 높은 곳에 자리 잡고 있으며, 창과 문이 있기도 하고 없기도 했다. 또 다른 은신처는 나만을 태우고 어디로든 석 달 동안 항해하는 증기선이었다. 그리고 가끔은 아주 소박하게도 작은 무덤에 난 구덩이였다. 구덩이가 제대로 파였는지 아닌지, 위에 꽃이 있는지 없는지, 관이 있는지 없는지는 중요하지 않았다.

소원의 의미와 본질은 매번 같았다. 시골집이든 배의 객실이든 바위 동굴이든 묘지의 흙구덩이든, 그 의미는 언제나 은신처였다! 이 소원 위에 항상 새겨져 있던 표제는 슈바벤 지방의 목사가 쓴 시의 한 구절이었다. 이 사랑스럽고 병약한 괴짜는 세상에서 물러난 채 작은 마을에서 할 일 없이 은둔하며 이렇게 썼다.

"오 세상이여, 제발 나를 내버려두어라!"

어딘가에 피난처와 은신처가 있다면, 숲이나 호수 근처에 안전하고 조용한 숨을 곳을 알고 있다면, 무엇보다 사람이 없는 곳, 다시 말해 근심을 전하는 사람도 생각을 훔치는 사람도 없으며 편지도 전보도 신문도 행상인도 없는 곳이 있다면 세상을 다 얻은 기분이었을 것이다. 시냇물이 흐르거나 폭포가 쏟아지는 곳일 수도 있고, 갈색 바위 위로 뜨거운 햇살이 내리쬐는 곳일 수도 있다. 나비가 날갯짓하거나 염소가 풀을 뜯는 곳이어도 좋았고, 도마뱀이 알을 품거나 갈매기가 둥지를 튼 곳이어도 좋았다. 무엇이든 상관없었다. 내가 원했던 것은 평화, 나만의 고독, 잠과 꿈뿐이었다. 은신처는 내가 먼저 부르지 않는 한 누구도 들어올 수 없고 알아서도 안 됐다. 또한 그곳에서는 누구도 나를 알아보거나 나에게 무언가를 바라거나 강요해서도 안 됐다.

마음에 쏙 드는 소원이자 꿈이었다. 몇몇 유명한 시인이 이런 달콤하고 소박한 소원을 먼저 노래하기도 했다. 그러니 얼마나 정당한 소원이겠는가! 권력을 추구하지 않으면서 세상의 요구에 최선을 다해 응하려 했던 사람, 나와 마찬가지로 시인이자 평화로운 시민이었던 사람에게 피난처, 남쪽 지방의 어딘가, 산속의 바위 틈새, 동굴, 숨을 곳, 무덤만큼 와닿는 소원이 또 있을까? 시골집이나 배의 객실이야 부담스러운 면이 있지만 오두막에 짚으로 만든 침상이나 이름 없는 작은 무덤이라면 어려울 것도 없다.

오랜 세월 수많은 시간 동안 나는 이 꿈을 키워왔다. 산책할 때, 정원 일을 할 때, 잠들기 전, 잠에서 깬 후, 기차 안에서, 심지어 잠 못 이루는 밤에도 이 꿈에 몰두했다. 나는 꿈을 정성껏 쌓았고, 그림을 그리고 색을 칠했으며, 음악으로 더욱 아름답고 섬세하고 고귀하게 장식했다. 숲의 그림자를 그려 넣고 염소의 방울 소리를 상상하고 그 주위로 그리움을 엮고 사랑을 쏟아부었다. 나는 이 사랑스러운 꿈을 부드럽게 비추고 어머니처럼 쓰다듬고 구애하듯 어루만졌다. 잠시 돌이켜 생각해보니 이 세상 어떤 것 하나에도 이토록 많은 사랑과 정성을, 피에서부터 번져 나온 온기를, 이만큼 큰 갈망과 힘을 쏟은 적이 없었다.

그 소중한 꿈은 나에게 얼마나 밝은 빛을 비추며 자극과 위안이 되었던가. 얼마나 깊게 메아리쳤던가. 얼마나 장밋빛으로 타올랐던가! 얼마나 부드러운 금빛 실로 엮여 있었던가. 천 번도 넘게 다듬은 색채로 얼마나 열정적이고 아름답게 칠해졌던가!

세월이 흐르자 이따금 다른 목소리들이 나를 사로잡았고 여기저기서 경고가 들려왔다. 그러면서 어떤 깨달음이 찾아와 내 꿈에 상처를 입혔다. 소중하게 칠한 표면에 작은 균열이 생겼고, 현 하나의 음정이 틀어졌고, 화관 속에서 시든 잎 하나가 드러났다. 나는 곧장 이를 손보기 시작했다. 혼란을 깊이 안타까워하면서 꿈에 새로운 사랑을 쏟아붓고 새로운 피를 불어넣어 되살렸다. 곧 꿈은 다시 아름답고 온전해졌다. 솔직히 오늘날에도 그 꿈을 얼마든지 되살릴 수 있고 다시 빛낼 수 있으며 잃었던 것을 되찾을 수도 있다.

그러나 내 꿈과 양립할 수 없는 자각들이 점점 더 자주 나를 찾아왔다. 친구들과 나누는 대화 속 한마디, 책 속 문장 하나, 성경 구절 하나, 괴테의 시 한 구절이 나를 강렬하게 사로잡았다. 친구를 잃고 즐거움이 사라진 슬픔과 외로움이 내게 거칠게 말을 걸었고 고통은 내 안에 둥지를 틀었다. 이런 목소리나 경고 하나하나는 그다지 신경 쓸 것이 아니었지만 그 모두가 같은 상처를 거듭해서 찔렀다. 그리고 그 모두가 내 꿈을 반대했다! 셰익스피어가 비웃었고 칸트가 공격했으며 붓다가 부정했다. 고통만이 나를 계속해서 그 꿈으로 이끌었다. 만약 내가 마침내 은신처를 갖게 된다면 고통이 잠잠해지지 않을까? 자연의 한가운데, 시냇가 옆 동굴, 소음과 번잡함에서 멀리 떨어진 은신처라면 잠과 허기, 미소와 자유로운 시선, 깊은 호흡, 행동을 향한 갈망이 돌아오지 않을까?

그러나 고통은 점점 더 강렬해졌고 더 오래 지속되었으며 점점 더 내 꿈의 반대쪽으로 향했다. 그러다 마침내 깨달음의 시간이 찾아왔다. 내 꿈은 아무런 가치도 없었다! '은신처'는 나를 치유하지 못할 것이고, 숲속이나 오두막에서도 고통은 사라지지 않을 것이며, 그곳에서도 나는 세상과 하나가 되거나 나 자신과 조화를 이루지 못할 것이다.

이 모든 것은 천천히 수많은 좁은 나선을 그리며 이어졌고 간절했던 꿈은 100번도 더 되돌아왔다. 시냇물은 위로를 건네듯 황금빛 자갈 위로 흘렀고, 호수는 나의 깊고 다채로운 꿈들을 부드럽게 품어주었다. 그러나 경고는 점점 더 늘어났고 무엇보다 고통이 점점 몸집을 키워 때로는 욥*이 형제처럼 느껴질 정도였다.

그러다 어느 순간 새로운 깨달음이 찾아왔다. 그것은 더 진지하고 또렷하며 더 적대적이고 위협적이었다. 그 내용은 이랬다. "네가 바라던 꿈은 단순한 잘못이나 착오, 비눗방울처럼 유치한 장난에 불과한 것이 아니었다! 훨씬 더 심각하고 나쁘며 위험한 것이었다! 그것은 너를 갉아먹었고 피를 빨았으며 삶을 앗아갔다. 너는 과연 그 꿈에 쏟은 사랑의 절반이라도, 그만한 정성과 온기의 절반이라도, 그 많은 낮과 밤, 창작의 시간의 절반이라도 친구에게, 아내에게, 자식에게, 너 자신에게 베푼 적 있는가? 네가 겪은 피로와 고통, 노화, 쇠약이 다 무엇 때문인가? 이 모든 것이 바로 그 꿈, 그 흡혈귀, 그 뱀 때문이다!"

이런 깨달음이 처음부터 승리를 거두지는 않았다. 오늘날에는 굳건히 자리를 잡긴 했지만 여전히 의심과 패배에 노출

되어 있다. 그럼에도 이 깨달음은 남아 있었다.

그러던 어느 날, 내 꿈을 산산조각 낸 하루가 찾아왔다.

꿈은 최후의 시험대에 올랐고 곧 실현될 참이었다! 은신처를 마련하게 된 것이다. 멀리 남쪽 호수 위 산꼭대기에 작고 조용한 집 한 채가 피난처이자 도피처, 안식처이자 꿈의 요람이 될 터였다. 내게 기회가 찾아왔고 그것을 손에 넣었다.

그런데 바로 이때 꿈의 본모습이 들통나버렸다! 아름다운 거짓이 드러났다. 꿈은 자신이 실현되려고 하자 겁을 먹었다. 실현되기를 원치 않았던 꿈은 비겁한 변명을 늘어놓았고, 거부하고 몸서리치면서 뒤로 물러섰다.

아, 꿈은 그것 말고는 할 수 있는 게 없었다. 그 꿈은 너무 오랫동안 거짓을 말했고 너무 오랫동안 너무 많은 것을 약속했다! 늘 받기만 하던 꿈이 이제는 무언가를 돌려줄 차례였지만 내놓을 게 아무것도 없었다. 마치 사기꾼이 거짓 주소를 댔다가 아무도 자신을 알아보지 못해 입을 다물 수밖에 없는 곳, 거짓이 드러날 수밖에 없는 곳으로 끌려가는 것처럼 꿈은 움츠러든 채 뒷걸음질 쳤다.

꿈에는 치명타였다.

하지만 흡혈귀는 여러 번의 치명타를 견뎌내고 어느 순간 되살아나 피를 빨고 굶주린 배를 채우려고 하기 마련이다. 내 꿈 또한 아직 살아 있고 언제라도 속임수와 계략을 펼칠 수 있다. 하지만 이제 나는 그 꿈이 나의 적임을 안다.

나는 마지막 깨달음을 얻은 날부터 이 사실을 알고 있었다.

이 깨달음은 으레 그렇듯 낯익은 모습으로 다가왔다. 바로 책에서 우연히 접한 어느 문장이었다. 오래된 격언이자 성경에 나오는 구절이었고 내가 수년 동안 알고 외우던 것이었다. 하지만 그날 이 말이 새롭고 의미심장하게 다가왔다.

"하나님의 왕국은 너희 안에 있느니라."*

나는 다시 추구할 무언가, 나를 인도하는 무언가, 피를 바칠 무언가를 얻었다. 그것은 소원이나 꿈이 아니라 목표였다.

이 목표는 또다시 은신처가 됐다! 동굴이나 배는 목표가 아니다. 나만 존재하는 곳, 세상이 닿을 수 없는 곳, 나 홀로 머무는 곳, 산이나 동굴보다 더 안전한 곳, 관이나 무덤보다 더 은밀한 곳. 그런 은신처를 이제는 내 안에서 찾고 갈망한다. 그것이 나의 목표다. 나를 제외한 그 무엇도 그곳을 침범할 수 없다.

폭풍이 몰아쳐도 고통이 닥쳐와도 피가 흘러도 상관없다!

나는 아직 그곳에 닿으려면 멀었고 여전히 그 길목에 서 있다. 하지만 그것은 이제 나의 길이다. 더 이상 나의 꿈이 아니다!

오, 깊은 은신처여! 어떤 폭풍도 너에게 닿지 못하고 어떤 불길도 너를 태우지 못하며 어떤 전쟁도 너를 파괴하지 못한다. 내면의 작은 방, 작은 관, 작은 요람. 네가 나의 목표다.

"오 세상이여, 제발 나를 내버려두어라!"

가장 먼저 핀 꽃

개울가에는
붉은 버드나무의 뒤를 따라
지난 며칠 사이에
노란 꽃들이 줄지어
황금빛 눈망울을 활짝 틔웠구나
오래전에 순수함에서 멀어진 나지만
마음속 깊은 곳, 어떤 기억이
삶의 황금빛 아침을 불러일으키고
꽃 같은 눈으로 환히 나를 바라보네
꽃을 꺾으려던 참이었건만
이제 모두 그냥 그대로 두고
집으로, 늙은 한 남자로 돌아가노라

외로운 밤

나의 형제들이여
가까이서든 멀리서든 가여운
그대들은 별을 바라보며
고통을 벗어날 위안을 꿈꾼다
그대들은 말없이 비틀거리며
창백한 별들이 반짝이는 밤하늘에
가냘픈 손을 들어 희망을 구한다
고통받는 그대들, 깨어 있는 그대들
길을 잃고 헤매는 가여운 무리여
별도 희망도 없는 뱃사람들이여
나와 같은 얼굴을 한 낯선 이들이여
나의 인사에 답해다오!

복숭아나무

(1945년)

지난밤, 봄마다 찾아오는 푄(Föhn) 열풍이 세차게 몰아쳤다. 묵묵한 대지 위로 텅 빈 들판과 정원을 가로지르며 메마른 포도밭과 황량한 숲에 불어닥친 바람은 나뭇가지와 줄기를 사납게 뒤흔들었고, 매서운 소리로 울부짖으며 지나는 곳마다 휩쓸고 다녔다. 무화과나무가 마른 뼈처럼 덜그럭거렸고 시든 나뭇잎들이 소용돌이치며 하늘 높이 올라가 구름처럼 떠돌았다. 아침이 되자 바람을 막아주던 담벼락 뒤편과 골목 구석마다 낙엽 더미가 수북이 쌓여 있었다.

정원에 나가보고서야 큰일이 벌어졌단 걸 알았다. 복숭아나무 중 가장 큰 나무가 밑동이 부러진 채 가파른 포도밭 비탈 위에 쓰러져 있었다. 복숭아나무는 그리 오래 살지 않고 영웅처럼 우람한 모습과도 거리가 멀다. 또한 여리고 약해서 상처에 민감하다. 복숭아나무 수액은 지나치게 순수한 고대 귀족의 피를 닮았다. 쓰러진 복숭아나무는 특별히 아름답거나 멋들어지지는 않았으나 어쨌든 내 복숭아나무 중에서는 가장 큰 녀석이었고, 오랫동안 알고 지낸 친구이자 나보다 더 오랫동안 이곳에 자리 잡고 살아온 터줏대감이었다. 해마다 3월 중순이 지나면 그 복숭아나무는 꽃봉오리를 틔웠다. 화창한 날에는 푸른 하늘을 배경으로 화사한 분홍빛 꽃송이를 뽐냈고, 비 오는 날에는 잿빛 하늘 아래에서 더없이 섬세한 자태를 드러냈다. 선선한 4월 바람이 변덕스럽게 불면 몸을 떨듯 흔들렸고 멧노랑나비가 모여들어 주변을 황금빛 불꽃으로 수놓기도 했다. 사나운 푄 열풍에도 꿋꿋이 버텼던 나무는 습하고 흐린 날이 이어지는 우기가 되면 꿈을 꾸듯 조용히 서서 몸을 살짝 구부리고 있다가, 비가 올 때마다 점점 푸르고 무성해지는 가파른 포도밭 언덕의 풀들을 내려다봤다. 나는 가끔 작은 꽃가지를 하나 꺾어 집 안으로 갖고 오기도 했고, 열매가 무거워질 때면 버팀목을 대어 나뭇가지를 받쳐주기도 했다. 몇 년 전에는 꽃이 활짝 핀 나무의 모습을 그려보려 하기도 했다. 내가 이곳에 살기 시작한 뒤로 사계절 내내 거기에 서 있었던 그 복숭아나무는 자연스레 내 작은 세상의 일부가 되어 더위와 눈, 폭풍과 평온을 함께 겪었고, 노래에 자기만의 음색을 더했으며 그림에 울림을 보태주었다. 이윽고 나무는 보로 나무 버팀목보다 훨씬 높이 자라났고 도마뱀, 뱀, 나비, 새가 여러 세대를 거듭하는 동안에도 살아남았다. 그다지 빼어난 모습은 아니었고 크게 관심을 끌지도 않았지만 없어서는 안 될 존재였다. 복숭아가 익어갈 즈음이면 나는 아침마다 잠깐씩 계단을 지나 그 나무 곁으로 걸어가서 밤새 축축해진 풀밭에 떨어진 복숭아들을 주워 호주머니에 넣거나 바구니나 모자에 담아 집으로 가져와 테라스 난간에 올려놓곤 했다.

오랜 친구인 그 나무가 서 있던 자리는 이제 비어 있다. 내 작은 세상에 생긴 틈새로 공허와 어둠, 죽음과 공포가 들여다보였다. 그 자리엔 부러진 나무줄기가 쓸쓸히 남아 있었는데 어쩐지 부드럽고 약간 푹신해 보였다. 나뭇가지들도 꺾이고 부러져 있었다. 2주만 더 버텼다면 이 가지들이 다시 분홍빛 봄꽃을 피워 푸른 하늘이나 잿빛 하늘 위로 자태를 뽐냈을 터였다.

이제 더는 꽃가지를 꺾지도, 열매를 따지도 못하게 되었다. 워낙 제멋대로 펼쳐져 한편으로는 환상적이었던 나뭇가지의 모습을 그릴 수도 없고, 무더운 여름날 계단을 내려가 나무의 옆은 그늘 밑에서 잠시 쉴 수도 없으리라. 정원사 로렌초를 불러 쓰러진 나무를 헛간으로 옮기게 했다. 비가 내려 다른 일을 할 수 없는 날에 그곳에서 나무를 잘라 장작으로 만들 생각이었다. 그의 뒷모습을 바라보다가 갑자기 울분이 치밀었다. 나무조차 믿을 수 없다니! 나무 역시 우리 곁을 떠나거나 죽을 수 있고, 언젠가 우리를 남겨둔 채 깊은 어둠 저편으로 사라져 버릴 수도 있다니!

나무 밑동을 잡고 끄느라 애먹고 있는 로렌초를 물끄러미 바라보았다. 잘 가라, 소중한 복숭아나무야! 그래도 너는 최소한 품위 있고 자연스럽게 온당한 죽음을 맞이했으니 행복하다고 할 수 있겠다. 너는 온 힘을 다해 버티고 버텼으나 거대한 적이 나뭇가지를 비틀어 뜯어냈지. 결국 힘이 다해 굴복하고 쓰러진 너는 뿌리를 남긴 채 끊어지고 말았구나. 그래도 너는 공중에서 떨어진 폭탄에 산산이 찢긴 건 아니지 않느냐. 악마 같은 염산에 타버린 것도 아니지 않느냐. 수백만 실향민처럼 고향 땅에서 뿌리째 뽑혀 피를 흘리며 낯선 땅에 잠깐 심겼다가 또다시 짐을 싸야 하는 신세는 아니지 않느냐. 주변에 재난, 파괴, 전쟁, 굴욕을 겪은 이가 있는 것도, 비참하게 죽어야 하는 것도 아니지 않느냐. 너는 나무로서 가장 평범하고 마땅한 운명을 맞이한 것이니 다행이다. 오늘날 오염된 세상의 독과 비참함 속에서 자신을 지켜내야 하고, 깨끗한 공기를 마시기 위해 주위를 둘러싼 부패와 끝없이 싸워야 하는 우리 인간에 비하면 너는 얼마나 아름답고 우아하게 나이 들었고, 기품 있게 죽은 것이냐.

상실을 겪을 때마다 그러하듯 나는 쓰러진 나무를 보면서 그 자리를 대신할 나무를 새로 심을 생각을 했다. 나무가 있던 자리에 구덩이를 파서 한동안 비와 바람, 햇살에 내맡겼다가, 시간이 조금 흐른 뒤에 퇴비 더미에서 가져온 거름에 나무를 태운 재를 섞어 구덩이를 채울 것이다. 그러다 온화한 보슬비가 내리는 날을 골라 묘목을 하나 심는 것이다. 이곳의 흙과 공기는 새로 온 어린 나무와 잘 맞을 테고, 그 나무 역시 포도 덩굴과 꽃, 도마뱀, 새, 나비의 좋은 벗이자 이웃이 될 것이다. 몇 해가 지나면 열매도 맺고 해마다 3월 중반에 사랑스러운 꽃을 활짝 피우리라. 운이 따라준다면 나무는 아주 오래까지 살다가 어느 날 폭풍이나 산사태, 무거운 눈에 쓰러져 눈을 감을 것이다.

그러나 이번만큼은 새 나무를 심을 결심이 서지 않았다. 나는 평생 나무를 꽤 많이 심어왔기에 이 한 그루를 심지 않는다고 해서 문제가 될 건 아니었다. 여기 이 자리에 새로이 나무를 심어 또다시 생명의 수레바퀴를 돌리고 결국 굶주린 죽음에 바칠 먹잇감을 길러내는 일을 내 안의 무언가가 거부하고 있었다. 그러고 싶지 않았다. 그 자리는 그대로 비워둔 채로 남겨두려 한다.

그 자리는 그대로 비워둔 채로 남겨두려 한다.

꽃들 또한

꽃들 또한 죽음을 겪는다
아무런 죄 없어도.
우리의 존재 또한 순수해서
오직 아픔을 겪을 뿐이다
스스로는 이해하지 못하는 아픔을.
우리가 죄라고 부르는 것은
태양 속으로 거두어져
순결한 꽃받침으로부터
향기로 아이의 감동 어린 시선으로 다가오네
꽃들이 죽음을 맞이하듯이
우리도 죽음을 맞이하니
그것은 오직 해방의 죽음이오
그것은 오직 부활의 죽음이리라

바다 위에서 보내는 밤

밤에, 바다가 나를 안아주는 그때
창백한 별빛이
광활한 물결 위에 드리워지면
모든 행동과 사랑으로부터
나는 완전히 벗어난다네
조용히 선 채로 그저 숨만 쉬며
홀로, 나 홀로 바다에 안긴다
수천의 빛으로 가득한 고요하고 차가운 바다에
그러면 벗들의 모습이 떠올라
그들의 눈길을 내 눈길에 담아
홀로 조용히 그들에게 묻는다
"그대는 아직 나의 벗인가?
내 슬픔이 그대의 슬픔이고, 내 죽음이 그대의 죽음인가?
그대는 나의 사랑을, 나의 괴로움을 느끼는가
작은 숨결만큼이라도, 작은 메아리만큼이라도?"

그러면 바다는 가만히 돌아보며 아무 말 없이
미소 짓는다, 아니
어디에서도 벗의 인사나 대답은 들려오지 않는다

장엄한 야상곡

알레그로

구름이 갈라지고, 반짝이는 하늘에서 내려온
휘황찬란한 빛이 눈부신 계곡 위를 헤맨다
나는 산 넘어 돌풍에 실려
지치지 않는 발걸음으로
구름 낀 삶을 헤치고 나아가노라
아, 한순간만이라도
나와 영원한 빛 사이를 가로막은 안개를
자비로운 돌풍이 걷어내주기를!
낯선 땅에 에워싸인 나는
운명의 거센 파도에 휩쓸려
고향에서 멀리 떨어진 이곳까지 밀려왔도다
바람이여, 구름을 쫓아내어라
베일을 저 멀리 걷어버려라
빛이 내려와 혼돈의 길을 가는 나를 비출 수 있게!

안단테

언제나 또다시 위안이 되고
끝없고 찬란한 창조 속에서도 늘 새로운
이 세상이 내 눈을 보며 웃음 지으며
살아 숨 쉬는 수천 가지 모습으로 다가온다네
햇살 머금은 바람 속에서 날갯짓하는 나비
축복 가득한 창공을 날아가는 제비
해안가 바위에 부딪히는 바다의 물결
언제나 별과 나무
구름과 새는 나의 친족이니
바위는 나를 형제로 맞아주고
끝없는 바다는 다정하게 나를 부르네
알 수 없는 길이 나를 이끌어
푸르도록 아득히 먼 곳으로 향하지만
어디에도 의미는 없고 어디에도 분명한 목적이 없구나
그렇지만 숲속의 개울도 윙윙대는 파리도
내게 말해주네, 심오한 법칙을
신성한 질서를
그 질서의 천공은 내 위에도 펼쳐져 있고

그 신비로운 음조는
천체의 움직임에서처럼
내 심장 박동 속에서도 고동치고 있다고

아다지오

낮이 감추었던 것을 꿈은 내어주는구나
밤이 되고 의식이 약해지자
무언가 신성한 기운을 따라
해방된 힘이 솟아오르네
숲과 개울이 술렁이고, 푸른 밤하늘을 가로질러
활기찬 영혼처럼 여름 번개가 내려치니
내 안과 밖의 구분은 사라지고
세상과 나 모두 하나가 된다
구름은 내 심장을 휘감고
숲은 내가 꾸는 꿈을 꾸고
집과 배나무는 내게 속삭이지
잊고 지낸 우리의 어린 시절 이야기를
개울은 메아리치고 계곡은 내 안에 그림자를 드리우니
저 달과 희미한 별들은 나의 절친한 벗이로다

하지만 온화한 밤
하늘 위 은은한 구름으로 나를 감싸는 이 밤은
어머니의 얼굴을 하고
끝없는 사랑으로 미소 지으며 내게 입 맞추니
그 옛날 어머니가 그랬듯 꿈결처럼
고개를 흔들어 머리카락 흩날리면
세상은 그 물결에 휩쓸려 흔들리고
수많은 별빛의 깜빡임이 희미해진다

2부

어둠이 지나고 난 다시 잠들 수 있을 테니

구름 낀 하늘

바위틈 사이로 조그만 난쟁이 관목들이 고개를 들고 있다. 나는 몇 시간째 자리에 누워 여기저기 흩어진 작은 구름 조각들이 서서히 몰려오는 고요한 저녁 하늘을 올려다본다. 저 위에서는 틀림없이 바람이 불고 있겠지만 여기에서는 전혀 느껴지지 않는다. 바람은 실을 감듯 구름 실타래를 엮고 있다.

물이 증발하고 다시 비가 되어 땅에 내리는 일이 일정한 주기를 따라 이어지고, 계절과 조수 간만이 정해진 시간과 순서를 따르듯이 우리 안의 모든 것도 일정한 법칙과 주기에 따라 움직인다. 빌헬름 플리스°라는 교수는 생명 현상의 주기적인 반복을 나타내기 위해 23일 주기 따위의 특정 수열을 계산한 바 있다. 카발라°처럼 보이기는 하지만 카발라 역시 일종의 학문이다. 그 이론이 독일 교수들의 조롱을 받는다는 사실 자체가 오히려 그것이 그럴듯하다는 방증이라고 생각한다.

내가 두려워하는 인생의 어두운 파도 역시 특정한 규칙성을 가지고 찾아온다. 주기가 정확히 며칠인지는 모르겠고 꾸준히 기록으로 남긴 적도 없다. 23이나 27 같은 숫자와 연관성이 있는지 모를뿐더러 앞으로도 알고 싶지 않다. 내가 아는 것은 단 하나, 때때로 아무런 외부 원인 없이 영혼 속에서 어두운 파도가 솟아오른다는 것이다. 구름의 그림자처럼 세상에 그늘이 드리운다. 기쁨은 거짓처럼 들리고 음악은 무미건조하게 느껴진다. 우울이 모든 것을 휘덮고 죽는 것이 사는 것보다 낫게 느껴진다. 이 우울은 발작처럼 알 수 없는 주기로 찾아와 서서히 하늘을 구름으로 뒤덮는다. 우울은 가슴속 불안에서, 두려운 예감에서, 밤에 꾸는 꿈에서 시작된다. 평소라면 나를 기쁘게 했을 사람들과 집, 색깔과 소리가 모두 의심스럽고 거짓되게 느껴진다. 음악은 두통을 일으킨다. 편지는 하나같이 불쾌하고 말속에 화살을 숨긴 듯하다. 그럴 때는 사람들과의 대화가 고문처럼 느껴져 곧바로 소동으로 이어지기 마련이다. 이럴 때가 있다는 걸 알기에 어떤 이는 총을 멀리하지만 또 어떤 이는 총을 찾기도 한다. 분노와 고통과 원망의 화살은 사람과 동물부터 날씨, 신, 읽고 있는 책의 종잇장, 입고 있는 옷의 옷감까지 모든 것을 향한다. 하지만 분노와 초조함과 원망과 증오는 어떤 대상에도 영향을 주지 못한 채 나 자신에게 돌아온다. 증오를 받아 마땅한 사람은 바로 나 자신이다. 세상에 불화와 증오를 불러일으키는 자는 바로 나 자신이다.

지금은 그런 날에서 벗어나 쉬고 있다. 당분간은 평화로운 휴식만 이어질 것이다. 나는 세상이 얼마나 아름다운지 느낄 수 있다. 특히 이 순간에 세상은 다른 누구보다 나에게 더욱 아름답게 보인다는 것을, 색깔은 절묘하게 어우러지고 공기는 더욱 황홀하게 흐르며 빛은 더욱 부드럽게 떠다닌다는 것을 알고 있다. 그리고 이를 위한 대가로 힘든 날들을 견뎌야 한다는 사실도 안다. 우울을 치료하기 좋은 방법으로는 노래하기, 마음 가다듬기, 포도주 마시기, 연주하기, 시 쓰기, 방랑하기 등이 있다. 은둔자가 기도에 기대어 살아가듯이 나는 이런 치료법으로 살아간다. 가끔은 저울이 한쪽으로 기울어져 나쁜 시간에 비해 좋은 시간이 너무 드물다는 생각이 든다. 가끔은 그와 반대로 좋은 시간이 늘어나고 나쁜 시간은 줄어들었음을 깨닫는다. 최악의 시기에도 내가 절대로 바라지 않는 건 좋고 나쁨 사이의 어중간한 지점, 미지근하고 견딜 만한 중간 지대다. 심하게 출렁이는 굴곡이 차라리 낫다. 고통은 더 심하겠지만 그 덕분에 축복받은 순간들이 한층 더 찬란하게 빛날 테니까!

  절망이 멀어지고 삶은 다시 즐거워졌으며 하늘은 다시 아름다워지고 방랑은 의미를 되찾았다. 모든 게 돌아오는 날이면 나는 어렴풋이 회복의 기운을 느낀다. 지쳐도 특별히 슬프지 않고 체념해도 괴롭지 않으며 나 자신을 깎아내리지 않고도 감사하는 마음이 샘솟는다. 서서히 활기가 차오르기 시작한다. 다시 시 한 구절을 흥얼거린다. 다시 꽃 한 송이를 꺾는다. 다시 지팡이를 만지작거리며 장난친다. 다시 한 번 이겨낸 것이다. 그리고 또다시, 앞으로도 여러 차례 이겨낼 것이다.

  구름이 소리 없이 움직이는 흐트러진 하늘이 내 영혼에 비친 것인지, 반대로 내가 하늘에서 내면의 모습을 읽은 것인지 모르겠다. 때로는 모든 것이 이토록 너무나 불확실하다! 어떤 날에는 공기와 구름의 특정한 기운, 특정한 색조, 특정한 수증기의 향과 움직임을, 오랫동안 예민한 감각을 키워온 시인이자 방랑자인 나만큼 섬세하고 정확하고 충실하게 인식할 수 있는 사람은 세상 그 어디에도 없을 거라는 확신이 든다. 그러다가도 어떤 날에는 오늘처럼 내가 정말 무언가를 보고 듣고 냄새를 맡았는지, 내가 인지한다고 여겼던 모든 것이 단지 내면의 삶이 외부로 투사된 형상에 불과한 것은 아닌지 의심스러워진다.

다시 한 번 이겨낸 것이다.

그리고 또다시, 앞으로도 여러 차례 이겨낼 것이다.

붉은 집

붉은 집이여, 너의 작은 정원과 포도밭에서 남부 알프스의 숨결이 느껴지는구나! 나는 여러 번 네 곁을 지나쳤고 널 처음 마주쳤을 때부터 방랑벽으로 가득 찼던 마음이 도리어 반대로 기울었다. 나는 또다시 옛 노래처럼 되뇐다. 집을 갖고 싶다고. 푸른 정원에 둘러싸인 작은 집, 사방이 고요한 곳, 아래로 마을이 내려다보이는 그런 곳을. 동쪽으로 난 작은방에는 침대, 나만의 침대가 놓여 있고, 남쪽으로 난 또 다른 작은방에는 탁자가 놓여 있으며 그곳에 지난 여행 중 브레시아에서 사온 작고 오래된 성모상을 걸어둘 것이다.

하루가 아침과 저녁 사이를 흐르듯이 내 삶은 여행을 향한 갈망과 고향을 향한 그리움 사이를 흐른다. 어쩌면 언젠가는 여행과 저 멀리 이국땅이 영혼의 일부가 되어, 더 이상 직접 걸음하지 않아도 그 형상을 내 안에 간직할 수 있는 경지에 이를지도 모른다. 어쩌면 내 안에서 비밀스러운 고향을 찾아내 더 이상 정원이나 작은 붉은 집을 그리워하지 않을지도 모른다. 나 자신 안의 고향을 찾는다면 말이다!

그러면 삶이 얼마나 달라질까! 하나의 중심이 있고 그 중심에서 모든 힘이 뻗어 나오겠지.

하지만 내 삶은 그런 중심 없이 수많은 극과 극 사이를 맴돈다. 이곳에는 고향을 향한 그리움이, 저곳에는 방랑을 향한 갈망이, 한쪽에는 고독과 은둔에 대한 동경이, 다른 쪽에는 사랑과 공동체에 대한 열망이 흩어져 있다! 나는 책과 그림들을 모아 모두 나눠줬다. 나는 사치와 악덕을 키웠으나 그것에서 벗어나 금욕과 고행으로 나아갔다. 나는 삶을 본질로서 경건하게 숭배해왔지만 결국 삶은 오직 기능으로서 인식하고 사랑할 수 있음을 깨달았다.

하지만 나 자신을 바꾸는 일은 내 몫이 아니다. 그 일은 오직 기적으로만 가능하다. 그리고 기적을 찾는 자, 기적을 이루려는 자, 기적을 도우려 하는 자는 기적이 도망쳐 사라지는 모습만 보게 될 뿐이다. 내 몫의 할 일은 수많은 극과 극 사이를 맴돌며 기적이 나에게 닥칠 때를 대비하는 일이다. 내 몫의 할 일은 만족하지 않고 불안을 견디는 것이다.

초록에 둘러싸인 붉은 집이여! 나는 이미 너를 누려봤으니 또다시 누리겠다고 하면 안 된다. 나는 고향을 가져봤고, 집을 짓고 벽과 지붕을 재고 정원에 길을 내고 내가 그린 그림으로 벽을 장식해봤다. 누구나 그런 일들에 끌리기 마련이고 다행히 나도 한때 그렇게 살았다는 사실에 행복하구나! 나는 살면서 많은 소망을 이루었다. 시인이 되고 싶었기에 시인이 되었고 집을 갖고 싶어서 내 집을 지었다. 아내와 아이들을 원했고 얻었다. 말을 통해 사람들에게 감명을 주고 싶었고 그렇게 했다. 이 모든 성취는 곧 포만으로 바뀌었다. 그런데 그 포만을 도무지 견딜 수 없었다. 나는 시에 의심을 품게 되었고 집은 비좁아졌다. 내가 도달한 목표는 결코 목표가 아니었으며, 길은 모두 우회로였고, 휴식은 항상 새로운 그리움을 낳았다.

앞으로도 난 수많은 우회로를 따라갈 것이고, 수많은 성취가 또다시 나에게 실망감을 안길 것이다. 언젠가는 모든 것이 그 의미를 드러내리라.

모든 대립이 사라지는 곳, 그곳에 열반이 있다. 그러나 내 안에서는 여전히 대립들이, 그리움이라는 사랑스러운 별들이 밝게 타오르고 있다.

저녁

저녁이 찾아오면 연인들은
천천히 들판을 거닌다
여인은 머리를 풀고
상인은 돈을 세며
시민은 초조하게 최신 소식을 찾아
석간신문을 읽는다
아이는 조그만 주먹을 꼭 쥔 채
깊은 잠에 푹 빠진다
저마다 자신이 처한 현실에 따라
고귀한 의무를 다하며 사는구나
시민도, 젖먹이도, 연인도
그런데 나는 어떤가?

그래! 내가 노예처럼 얽매여 있는
저녁 활동 역시
이 시대의 정신에 없어서는 안 되는
나름의 의미가 있는 것들이니
그렇게 난 위아래로 오르내리며

속으로 춤을 추고
바보 같은 노랫말을 흥얼거리며
신과 나 자신을 찬양하노라
포도주를 마시며 환상에 취해
총독이라도 된 듯
내 콩팥에 미안함을 느끼면서도
웃으며 한 잔 더 마시고
내 마음에는 괜찮다고 둘러댄다네
(내일 아침엔 이러지 않으리)
지나가버린 고통을 꺼내어 장난스레
시 한 편을 지어본다
하늘을 도는 달과 별을 보고
그들의 의미를 헤아리며
그들과 함께 여행하고 있음을 느낀다
어디로 가든 상관없이

내 몫의 할 일은 만족하지 않고 불안을 견디는 것이다.

나의 일기

(1918년)

지난밤에는 여러 가지 꿈을 꿨는데 어느 것 하나 또렷하게 기억나지 않는다. 다만 이 꿈들의 맥락이나 느낌이 두 가지 방향으로 나뉘었다는 건 분명하다. 어떤 꿈은 오로지 내게 닥친 온갖 슬픔만 드러냈지만 또 어떤 꿈은 완전한 이해와 거룩함을 통해 이 슬픔을 극복하려는 갈망과 노력을 보여줬다.

고통과 관조 사이에서, 절망과 깊은 내면의 노력 사이에서, 내 생각과 소망과 환상은 진이 빠질 때까지 몇 시간 동안이나 좁은 벽에 휘몰아쳤고 때로는 흐릿한 신체적 감정으로 변했다. 명확하게 나뉘고 뚜렷이 구별되는 슬픔과 고통과 마음의 피로가 여러 그림과 화음 속에서 생생하게 드러났고, 동시에 영혼의 또 다른 영역에서는 더 큰 영적 활력의 자극이 솟아올랐다. 그것은 인내심을 갖고 맞서 싸우며, 끝 없는 길 위에 주저앉지 말라는 충고였다. 이곳에서 느꼈던 경험이 저곳에서는 용감하게 나아가는 발걸음으로 이어졌고, 어떤 단계에서 느꼈던 고통스러운 감정이 다른 단계에서는 격려, 충동, 자아실현으로 돌아왔다. 만약 이런 경험을 곱씹어보는 일에 어떤 의미가 있다면, 자신 안에 깊이 자리한 심연을 주의 깊게 들여다보는 데 어떤 의미가 있다면, 그 의미는 우리가 영혼의 자극을 가능한 한 충실하고 정확하게, 말로 표현할 수 있는 범위보다 훨씬 멀리, 훨씬 깊이 따라가고자 할 때만 드러난다. 이를 글로 써보려고 해도 겨우 몇몇 단어만 아는 외국어를 써서 복잡한 개인 사정을 얘기하려 할 때와 비슷한 기분을 느낄 것이다.

그렇게 나의 상태와 경험의 테두리를 돌아보니 한편에는 깊은 슬픔을 견뎌내는 일이, 다른 한편에는 이 슬픔을 극복하고 운명과 완전한 조화를 이루려는 의식적인 노력이 있었다. 전자는 요컨대 내 의식의 판단, 더 정확히 말하면 나의 의식 안에서 들리는 첫 번째 목소리였다. 이보다는 희미하나 더 깊고 울림이 있는 두 번째 목소리는 관점이 달랐다. (첫 번째 목소리와 마찬가지로 꿈속에서도 멀리서나마 분명히 들렸던) 이 목소리는 고통이 잘못이라거나 완벽을 향한 나의 치열한 정신적 몸부림이 옳다고 하지 않았다. 오히려 양쪽 모두에게 옳고 그름을 나누어 부여했다. 두 번째 목소리는 고통의 달콤함과 고통의 필연성을 노래했지만, 고통을 극복하거나 없애는 데는 관심이 없었고 오로지 그것을 더 깊이 파고들고 이해하는 데만 관심을 뒀다.

첫 번째 목소리를 대략 말로 옮기자면 이런 식이었다. "고통은 고통일 뿐, 이에 대해서는 달리 더 말할 것이 없다. 고통은 아프고 괴롭기 마련이다. 그러나 그 고통을 극복할 힘이 존재한다. 그러니 그런 힘을 찾아내 키우고 활용해서 너 자신을 진정시켜라! 언제까지나 영원히 고통받기를 바란다면 너는 어리석고 나약한 자일 뿐이다."

하지만 두 번째 목소리는 이렇게 말했다. "고통이 아픈 까닭은 네가 그것을 두려워하기 때문이다. 고통이 아픈 것은 네가 그것에 대해 불평하기 때문이다. 고통이 너를 쫓아오는 것은 네가 그것을 피해 도망치기 때문이다. 도망치면 안 되고 불평해도 안 되고 두려워해서도 안 된다. 너는 사랑해야 한다. 너 자신도 이미 이 모든 걸 알고 있고 오직 하나의 마법, 하나의 힘, 하나의 구원, 하나의 행복만이 있음을, 바로 그것을 사랑이라고 부른다는 사실을 내면 깊은 곳에서 잘 알고 있다. 그러니 너의 고통을 사랑하라. 저항하지도 말고 도망치지도 마

라. 그 본질이 얼마나 달콤한지 음미하고 너 자신을 고통에 내맡겨야 하며 혐오로 맞서면 안 된다. 다른 무엇도 아닌 바로 너의 혐오가 너를 아프게 하는 것이다. 네가 그렇게 만들지만 않는다면 슬픔은 슬픔이 아니며 죽음은 죽음이 아니다! 네가 고통에 귀 기울이는 순간, 그것은 장엄한 음악이 된다. 하지만 너는 결코 그것에 귀 기울이지 않는다. 너는 늘 다른 것, 고유하고 고집스러운 음악과 선율만 듣고 붙잡았기에 고통의 음악과 화음을 이뤄내지 못한 것이다. 내 말을 들어라! 내 말을 듣고 기억하라. 고통은 아무것도 아니다. 고통은 환상일 뿐이다. 오직 너 자신이 그것을 만들어내고, 오직 너 자신이 너에게 고통을 주는 것이다!"

이 두 목소리 사이에는 이렇듯 고통과 그 고통에서 벗어나려는 의지 말고도 끝임없는 갈등과 긴장이 존재했다. 의식에 더 가까운 첫 번째 목소리는 자신을 위해 할 말이 많았다. 그것은 어두운 무의식의 영역에 맞서 자신의 명료함을 내세웠다. 여기에는 권위자들, 모세와 예언자들, 아버지와 어머니, 학교, 칸트와 피히테*가 있었다. 두 번째 목소리는 마치 무의식과 고통 자체에서 나오듯이 좀 더 멀리서 들려왔다. 그것은 혼돈 한가운데 안전한 섬을 만들어두지도 않았고 어둠에 빛을 비춰주지도 않았다. 그것 자체가 어둠이요 근원이었다.

두 목소리가 어떻게 조화를 이루며 발전했는지를 묘사하기란 불가능하다. 이 두 목소리는 다시 각각 두 갈래로 나뉘었고 그렇게 생긴 각각의 이차적 목소리도 다시 갈라졌다. 그렇다고 해서 그것들이 서로 마주 보고 서 있는 두 합창단처럼, 예컨대 더 밝은 것과 더 어두운 것, 더 높은 것과 더 낮은 것, 남성과 여성 같은 형태로 갈라진 것은 아니었다. 아니, 오히려 새로운 목소리들은 처음의 두 목소리 모두의 특징, 혼돈의 메아리와 형성 의지의 메아리, 낮과 밤, 남성과 여성을 각각 새롭고 독특한 조합으로 담고 있었다. 각 목소리는 자기의 부모이자 조상이 되는 목소리와 항상 성격이 정반대였다. 혼돈이라는 부모에서 나온 새로운 목소리는 더 명료하며 더 목적 지향적이면서 더 냉정하고 날카로웠으며 그 반대도 마찬가지였다. 하지만 각각은 혼합체였고 각자 서로 다른 원리를 향한 갈망에서 비롯되었다.

이렇듯 온갖 가능성을 품은 듯한 다성적이고 다원적인 세계가 펼쳐졌다. 각 가능성은 반대되는 가능성과 균형을 이뤘고, 나의 꿈꾸는 영혼 안에서 온 세계가 은은한 고통을 반주 삼아 내달리는 듯했다. 그 여정에는 힘과 추진력이 있었지만 동시에 마찰과 제약, 고통스러운 한계 또한 있었다. 세계는 아름답고 열정적으로 돌고 있었으나 그 축은 삐걱거리며 연기를 내뿜었다.

앞서 말했듯이 내가 꾼 꿈에 대해 더 이상은 기억나지 않는다. 악보는 사라졌고 선율과 목소리의 특징만 기억 속에 새겨졌다. 내가 많은 고난을 견뎌냈음을, 새로운 고통이 찾아올 때마다 자유와 구원이 떠올랐음을 알 뿐이다. 이렇게 충동과 수용, 창조와 인내, 행동과 고통이라는 영원한 순환이 펼쳐졌다.

이를 지켜보는 동안 나는 괴로웠다. 전체적으로 기쁨보다 슬픔의 기운이 더 강했고, 꿈속 상황이 신체적 감정으로 나타날 때는 너무 고통스러워서 머리가 아프고 어지러움에 기절할 지경이었기 때문이다.

내가 마주한 사건은 다양했다. 새로운 경험이나 슬픔에 새로운 목소리가 응답했고 공격이 끝날 때마다 내면의 격려가 뒤따랐다. 여러 가지 본보기가 떠올랐고 《카라마조프가의 형제들》의 조시마 장로가 모범이자 스승으로 나타나기도 했다. 하지만 원초적인 모성의 목소리, 영원하면서도 끊임없이 변하는 그 목소리가 매번 반대했다. 아니, 그 목소리가 반대를 했다기보다는 소중한 존재가 나에게서 등을 돌려 말없이 고개를 젓는 듯한 느낌을 받았다.

"어떤 본보기도 받아들이지 마라!" 이 목소리는 이렇게 말하는 듯했다. "본보기란 존재하지 않아. 그건 네가 스스로 꾸며낸 허구일 뿐이야. 본보기를 따르라는 이야기는 허튼소리다. 올바른 행동은 저절로 우러나오기 마련이다. 고통을 받아들여라, 젊은이여. 그냥 고통을 받아들이고 잔에 든 것을 끝까지 들이켜라! 네가 피하려고 애쓸수록 잔은 더 쓸 것이다. 겁쟁이는 자신의 운명을 독이나 약처럼 마시지만 너는 너의 운명을 포도주나 불꽃처럼 마셔야 한다. 그래야 달게 느껴질 것이다."

그렇지만 그 잔은 쓴맛이 났고, 밤새도록 세계의 수레바퀴가 굴러갔으나 그 축은 삐걱거리고 연기가 났다. 한편에는 눈먼 자연이 있었고 다른 한편에는 눈뜬 영혼이 있었다. 하지만 눈뜬 영혼은 눈멀고 메말라 죽어갔으며, 도덕으로 철학으로 공식으로 변해갔다. 반대로 눈먼 자연은 끊임없이 여기저기서 수줍게 빛나는 눈을, 경이롭고 촉촉한 영혼의 눈을 뜨고 있었다. 자신의 이름에 충실한 것은 아무것도 없었다. 본질에 충실한 것이라곤 아무것도 없었다. 모두가 '그저' 이름일 뿐이었고 모두가 '그저' 본질일 뿐이었으며, 그 모든 것의 뒤에서 삶의 안식처와 소명의 신비는 점점 더 새롭고 멀고 무서운 거울 속 심연으로 물러났다. 내 세상 역시 축이 버틸 수만 있다면 연기가 나더라도 굴러갈 것이었다.

잠에서 깼을 땐 밤이 거의 끝나갈 무렵이었다. 시계를 보지는 않았다. 그 정도로 완전히 정신이 들지는 않았기 때문이다. 슬쩍 눈을 뜨니 창틀과 의자, 옷가지 위로 쏟아지는 창백한 아침 햇살이 보였다. 세상에서 여명만큼 풍요롭고 우리 영혼을 자극하는 것도 없다. 셔츠 소맷자락이 느슨하게 늘어지고 약간 뒤틀린 모습이 시각적 상상력을 자극했다. 어둠 속에서 하얀 점 하나가 흔들리는 것처럼, 뿌연 배경에 드리운 어스레한 그림자가 해체되는 것처럼 보였다.

하지만 상상력을 밀어붙여 그 희끄무레한 형상을 춤추는 소녀들의 모습, 원을 그리며 도는 성운, 눈 덮인 봉우리, 거룩한 조각상으로까지 바꿔보지는 않았다. 여전히 길었던 꿈에 사로잡혀 있던 내 머릿속에는 내가 깨어 있고 아침이 가까워졌으며 머리는 지끈거리고 다시 잠들면 좋겠다는 생각뿐이었다. 빗방울이 지붕과 창틀을 부드럽게 두드렸고 슬픔과 고통, 공허함이 차올랐다. 나는 도망치듯 눈을 감고 잠과 꿈의 세계로 다시 천천히 빠져들었다.

그러나 그 꿈으로 완전히 되돌아가지는 못했다. 나는 피로도 고통도 느끼지 않는 희미하고 얕은 반수면 상태에 머물렀다. 이때 또 다른 경험을 했는데 그건 꿈 같으면서도 꿈은 아니고, 사유 같으면서도 사유는 아니며, 의식의 빛줄기가 무의식 속으로 순식간에 쏟아져 들어오는 환상 같은 경험이었다.

아침에 반쯤 잠든 상태에서 나는 어느 성인(聖人)을 만났다. 그를 만난 시간의 절반 동안은 내가 그 성인이 된 듯 그의 생각을 떠올리고 그의 감정을 느꼈다. 나머지 절반 동안은 그를 나와 분리된 별개의 인물로 보았지만 여전히 내가 그의 속마음을 꿰뚫어 볼 수 있었고 그를 깊이 안다고 느꼈다. 마치 내가 그를 이전에 만났거나 그에 대해 듣거나 읽은 적이 있는 것만 같았다. 내가 스스로에게 그 성인에 대해 이야기하는 것 같기도 했고, 그가 나에게 자기 이야기를 들려주는 것 같기도 했다. 또한 눈앞에서 그의 삶이 펼쳐질 때는 마치 내가 겪은 일인 양 느껴졌다.

그 성인이 나 자신이었는지 다른 사람이었는지는 모르겠지만 그는 큰 슬픔을 겪고 있었다. 나는 이것을 내가 아닌 다른 사람에게 일어난 일처럼 쓸 수가 없다. 내가 그 슬픔을 직접 경험하고 느꼈기 때문이다. 가장 소중한 것을 빼앗긴 느낌, 자식들이 죽었거나 눈앞에서 죽어가고 있는 것 같은 느낌이었다. 그들은 눈과 이마, 작은 손과 목소리를 가진 내 실제 육신의 자식일 뿐 아니라 내 영혼의 자식이자 소유물이기도 했다. 나는 그들이 나를 떠나 죽어가는 모습을 지켜봤다. 그들은 나의 가장 소중한 생각이자 시였고 나의 예술, 나의 사유, 내 눈의 기쁨이자 내 삶이었다. 내게서 이 이상으로 앗아갈 수 있는 것은 없었다. 그 어여쁜 눈들이 멀어 더는 나를 보지 못하고, 그 어여쁜 입술들이 더는 숨을 쉬지 않는 것보다 더 비통하고 끔찍한 일은 없었다.

이것이 바로 내가 또는 그 성인이 경험한 일이었다. 그 사람은 눈을 감고 희미하게 미소 지었다. 그 온화한 미소에는 상상할 수 있는 모든 고통이 담겨 있었고 모든 약점, 모든 사랑, 모든 취약성을 인정하는 마음이 들어 있었다.

그러나 이 고통스러운 미소는 아름답고 고요했으며 그의 얼굴에 변함없이 아름답게 남아 있었다. 그 모습은 마치 가을에 마지막 황금빛 잎들이 떨어질 때의 나무 같았다. 늙은 대지의 남은 생명이 얼음이나 불 속으로 사라질 때도 그런 모습일 것이다. 그것은 고통이었고 슬픔 중에서도 가장 깊은 슬픔이었지만 거기에는 저항도 부정도 없었다. 그것은 동의, 체념, 순종이었고 깨달음이자 묵인이었다. 성인은 희생을 감수했고 그 희생을 찬양했다. 그는 고통을 겪으면서도 미소 지었다. 그가 마음을 굳게 먹지는 않았지만 그럼에도 살아남았던 이유는 그가 불멸의 존재였기 때문이다. 그는 기쁨과 사랑을 받아들였고 그것들을 내주고 돌려줬다. 낯선 이가 아니라 자신의 운명에 돌려준 것이었다. 생각이 기억 속으로 가라앉고 몸짓이 휴식에 잠기듯이, 성인의 자식들과 그가 사랑했던 모든 소유물이 고통 속에서 가라앉고 희미해졌다. 그러나 그것들은 사라지지 않고 그의 내면 깊은 곳으로 모여들었다. 그것들은 눈에 보이지 않을 뿐 죽임을 당한 것은 아니었다. 그들의 모습은 변했으나 파괴된 것은 아니었다. 그들은 다시 깊은 곳으로, 세계의 내면으로, 고통받는 이의 내면으로 돌아갔다. 그들은 생명이었다가 상징이 되었다. 이처럼 모든 것은 상징이며, 언젠가 고통 속에서 사라졌다가 다른 옷으로 갈아입고 새로운 상징으로 다시 나타난다.

그 온화한 미소에는

상상할 수 있는 모든 고통이 담겨 있었고

모든 약점, 모든 사랑, 모든 취약성을

인정하는 마음이 들어 있었다.

방랑길에서

(크눌프를 회상하며)

슬퍼하지 말아라, 이내 밤이 올 테니
그러면 우리는 희미한 들판 위로
몰래 웃고 있는 서늘한 달을 바라보며
서로의 손을 잡고 숨 돌리겠지

슬퍼하지 말아라, 이내 때가 올 테니
마침내 쉴 수 있으리, 우리의 작은 십자가들이
환한 길섶에 나란히 서 있겠지
비가 내리고 눈이 내리고
바람이 불어 스쳐 지나가리라

행복

(1949년)

신이 계획한 대로 그리고 수천 년 동안 여러 민족의 시와 지혜가 전해왔듯이, 인간은 아름다움에 대한 감각이 있으며 유용하지 않은 사물에서도 기쁨을 찾아 누릴 줄 알도록 창조된 존재다. 인간이 아름다움을 통해 기쁨을 느끼는 데 정신과 감각은 동등하게 기여한다. 인간이 삶의 고난과 위험 속에서도 기뻐할 수 있다면, 다시 말해 자연이나 그림 속 색채의 향연을 즐기고 폭풍과 바다의 소리나 인간이 만든 음악에서 기쁨을 느낄 수 있다면, 표면적인 이해와 필요 이면에 얽힌 전체로서의 세계를 보고 느낄 수 있다면, 새끼 고양이의 고갯짓이 소나타의 변주곡으로 이어지고 개의 애절한 눈빛이 시인의 비극 작품으로 연결되는 수많은 관계와 상응과 비유와 성찰이라는 상호 연결을 느낄 수 있다면, 끊임없이 흘러나오는 언어를 통해 듣는 이가 기쁨과 지혜와 즐거움과 감동을 얻을 수 있다면, 인간은 계속해서 자신의 모호함을 극복하고 자신의 존재에 의미를 부여할 수 있을 것이다. '의미'란 다양한 모습 속에서 발견되는 일체성, 세상의 혼란을 통일과 조화로 인식하는 정신 능력이기 때문이다. 진정한 인간, 건강하고 온전한 인간에게 세상과 신은 다양한 기적을 통해 끊임없이 자신의 존재를 드러낸다. 저녁을 날이 저물어 선선해지고 노동자의 하루가 끝나가는 시간으로만 보지 않고 하늘이 붉게 물들며 점점 장밋빛에서 보랏빛으로 변해가는 마법 같은 과정으로 여긴다면 저녁도 기적이 된다. 저녁 하늘처럼 무수한 빛깔로 변하는 인간의 표정 속에 미소가 스칠 때, 그의 얼굴도 기적이 된다. 대성당의 내부 공간과 창문, 꽃봉오리 속 꽃술의 질서, 작은 나무판으로 만든 바이올린과 음계도 마찬가지다. 언어도 그렇다. 언어는 자연과 정신에서 비롯되었으며, 이성적이면서 동시에 초이성적이고 유치하고 불가사의하고 미묘하다. 그 아름다움과 경이로움과 수수께끼 때문에, 그리고 겉보기에는 영원해 보이지만 인간과 마찬가지로 사고, 질병, 위험에서 벗어날 수 없다는 그 취약성 때문에, 언어는 그 심부름꾼이자 제자인 우리에게 지상에서 가장 신비롭고 신성한 현상 중 하나가 되었다.

이는 단순히 모든 민족이나 문화 공동체가 각자의 기원과 지향점에 어울리는 언어를 만들어냈다는 문제가 아니다. 또한 어떤 민족이 다른 민족의 언어를 배우며 감탄하거나 비웃을 수는 있어도 결코 완전히 이해하지는 못한다는 문제도 아니다! 중요한 점은 언어가 없는 원시 세계나 철저히 기계화되어 다시금 언어가 사라진 사회에 살고 있지 않은 한 모든 개별 인간에게 언어는 자기만의 자산이라는 것이다. 언어를 구사하는 사람 각자에게 단어와 음절, 문자와 형태, 통사의 가능성은 고유한 가치와 의미가 있다. 비록 의식하지 못하더라도 누구나 자신이 사용하는 언어를 지극히 개인적이고 독특한 방식으로 인식하고 경험한다. 특정한 악기나 음계를 사랑하는 음악가가 있고 반대로 이를 꺼리는 음악가도 있듯이, 언어 감각이 있는 사람이라면 누구나 특정 단어와 소리, 특정 모음이나 자모의 순서를 특별히 좋아하거나 싫어한다. 또한 어떤 독자가 특정한 시인을 유달리 좋아하거나 싫어한다면, 이는 그 시인의 언어적 취향과 감각이 그 독자에게 익숙하거나 생소하기 때문이다. 예를 들어 내가 지금까지 수십 년 넘게 사랑한 수많은 시와 구절을 떠올려보자면, 내가 그것들을 좋아하는 이유는 그 시에 담긴 의미와 지혜, 경험, 미덕, 위대함 때문이 아니다. 그저 독특한 각운, 전통적인 구조에서 벗어난 특정한 운율 변화 때문이며, 시인이 무의식적으로 선택한 모음이 그의 시를 읽는 내가 무의식적으로 사용하는 모음과 일치했기 때문이다. 우리는 괴테나 브렌타노˚, 레싱˚, E. T. A. 호프만˚이 쓴 문장을 보고 그 자체의 내용보다 구조와 리듬을 통해 작가의 신체적·정신적 기질을 더 잘 유추하곤 한다. 시인이라면 누구나 쓸 수 있는 문장이 있는가 하면 바로 그 언어 음악가만 쓸 수 있는 문장도 있다.

우리 같은 사람들에게 단어란 화가의 팔레트 위에 있는 물감과 같다. 셀 수 없이 많고 새로운 단어도 끊임없이 생겨나지만 훌륭한 단어, 참된 의미의 단어는 그 수가 적다. 내 칠십 평생 그런 단어가 새로이 등장하지도 않았다. 색깔도 마찬가지다. 진하기를 조절하며 혼합할 수는 있지만 내가 원하는 만큼 다양하지는 않다. 말을 하는 사람이라면 누구에게나 좋아하는 단어와 낯선 단어, 선호하는 단어와 꺼리는 단어가 있기 마련이며, 아무리 사용해도 닳을 염려가 없는 일상적인 단어가 있는가 하면 아무리 사랑하더라도 그 가치에 걸맞은 경우에만 신중하고 조심스럽게 사용하는 소중한 단어도 있다.

나에게는 '글뤽(Glück)', 곧 '행복'이 그런 소중한 단어다.

이 단어는 예나 지금이나 항상 듣고 싶은 단어 중 하나다. 아무리 사람들이 그 의미에 대해 논쟁하고 따진다 해도 이 단어는 아름답고 선하고 바람직한 것을 의미한다. 나는 이 단어의 소리마저도 그 의미와 잘 어울린다고 생각한다.

내 생각에 이 단어는 짧지만 묵직하고 완전한 무언가, 황금을 떠올리게 하는 무언가를 담고 있을 뿐 아니라 황금에 어울리는 고유한 광택도 있는 것 같다. 이 단어는 구름 속 번개처럼 녹아들듯 미소 지으며 'Gl'로 시작해 'ü'에서 웃으면서 잠시 머물다가 'ck'로 단호하고 간결하게 끝나는 짧은 음절로 이뤄져 있다. 이 단어는 웃음과 눈물을 표현하며 원초적인 마법과 관능으로 가득하다. 이를 제대로 감상하고 싶다면 이 황금빛 단어 옆에 '실재'나 '활용'처럼 낡고 밋밋한 니켈이나 구릿빛 단어를 놓아보라. 의심의 여지 없이 이 단어는 사전이나 교실에서 나왔거나 누가 생각해냈거나 파생되었거나 조합된 것이 아니다. 하나의 통일체로서 둥글고 완벽하며 햇빛처럼 하늘에서 또는 꽃송이처럼 땅에서 나온 것이다. 이런 단어가 존재한다는 사실이 얼마나 기쁘고 위안이 되는지! 이 단어가 없는 삶은 생각만 해도 너무나 메마르고 피폐하게 느껴진다. 그런 삶은 빵과 포도주, 웃음과 음악 없는 삶과 같을 것이다.

'행복'이라는 단어를 이처럼 자연적이고 감각적인 측면에서 바라보는 나의 태도는 조금도 변하지 않았다. 오늘날에도 내 눈에 이 단어는 간명하고 묵직하며 황금빛으로 빛난다. 나는 소년 시절과 마찬가지로 지금도 이 단어를 사랑한다. 그러나 이 마법 같은 상징의 의미, 이 짧고 묵직한 단어에 담긴 의미에 대한 나의 의견과 생각은 여러 번 바뀌었고 아주 최근에서야 명확하고 확실한 결론에 도달했다. 인생의 중반을 훨씬 넘어설 때까지도 나는 사람들이 말하는 '행복'이란, 긍정적이고 절대적으로 가치 있는 무엇인가를 의미하면서도 근본적으로는 따분하다는 증명되지 않은 믿음을 순순히 받아들였었다. 사람들은 '행복'이라는 단어를 쓸 때 유복한 가문 출신, 훌륭한 교육, 뛰어난 경력, 행복한 결혼, 가정과 가족의 번영, 타인의 존경, 두둑한 지갑, 넉넉한 금고 같은 것들을 떠올렸고, 나도 다른 사람들과 마찬가지로 그렇게 생각했다. 똑똑한 사람과 그렇지 않은 사람이 있듯이 행복한 사람과 그렇지 않은 사람이 있는 듯 보였다. 우리는 세계사에서도 행복에 관해 이야기했고 어떤 민족이 행복했고 어떤 시대가 행복했는지 알고 있다고 생각했다. 우리는 마치 따뜻한 욕조에 몸을 담근 것처럼 오랜 평화, 광범위한 여행의 자유, 놀라운 안락함과 평온함에 젖어 유난히 '행복한' 시대의 한복판에 살고 있으면서도 정작 그 행복을 전혀 깨닫지 못했다. 이 행복을 너무나 당연한 것으로 생각했기에 겉으로는 다정하고 편안하며 평화로워 보이던 시대에 살던 우리 젊은이들은 냉소적이고 회의적인 분위기에 젖어 죽음이나 타락, 빈혈증을 장난처럼 가볍게 여겼다. 그리고 한편으로는 콰트로첸토(Quattrocento)* 시기의 피렌체, 페리클레스*가 이끌던 아테네 등 역사의 뒤안길로 사라진 여러 다른 시대야말로 행복한 시절이었다고 이야기 했다. 이러한 황금 시절에 대한 열정은 점차 사라졌다. 우리는 역사서와 쇼펜하우어를 읽으며 과장된 표현과 멋진 말에 대해 점점 더 의심을 품게 되었고, 정신적으로는 차분하고 더욱 상대주의적인 분위기 속에서 살아가는 법을 배웠다. 그럼에도 어쩌다 우연히 마주치는 '행복'이라는 단어는 그 옛날의 충만한 황금빛 울림으로 다가왔고 여전히 지고의 가치를 일깨우며 옛 기억을 떠올렸다. 눈에 보이는 물질적 소유를 행복이라고 부르는 단순하고 유치한 사람도 있었겠지만 우리는 이 단어를 들으면 오히려 지혜, 초연함, 인내, 굳건한 영혼 같은 것들을 떠올렸다. 이것들은 모두 우리에게 기쁨을 주는 아름다운 단어들이지만 '행복'만큼 근본적이고 완전하며 심오하고 본질적인 뜻으로 쓰기에는 어울리지 않았다.

그러는 동안 내 개인적 삶은 이미 오래전부터 행복한 삶이 아니었다는 사실뿐 아니라 삶에서 행복을 추구하려는 시도 자체가 무의미함을 깨달았다. 이 순간 내가 감상에 빠졌다면 이런 태도를 '아모르 파티(Amor Fati)'(네 운명을 사랑하라)라고 묘사했을지도 모르겠다. 하지만 나는 잠시 과하게 흥분했던 성장기를 제외하면 천성적으로 감상에 쉽게 빠지는 성격이 아니다. 더욱이 중국 현인들의 삶에 관한 기록과 장자(莊子)의 비유가 생겨난 토양, 다시 말해 조용하고 드러나지 않으며 절제되고 약간은 냉소적인 지혜를 안 뒤부터는 쇼펜하우어의 냉정하고 소박한 사랑조차 절대적인 이상으로 여기지 않게 되었다.

자, 잡담은 여기까지 하겠다. 나는 상당히 정확하게 규정된 무언가를 말하고자 한다. 우선 논점에서 벗어나지 않기 위해 오늘날 내가 생각하는 '행복'이라는 단어의 내용과 의미를 좀 더 구체적으로 설명해보겠다. 이제 나는 '행복'이란 단어를 지극히 객관적인 것으로 이해한다. 그것은 총체성 자체이자 시간을 초월하는 것, 천체의 조화나 신의 미소라고 불렸을 법한 세상의 영원한 음악이다. 깊게 울려 퍼지는 이 황금빛 영원성은 완벽한 본보기이자 그치지 않는 음악이고 순수하고 완전한 현재이며, 시간도 역사도 과거도 미래도 알지 못한다. 인간, 세대, 민족, 제국은 모두 태어나 번성했다가 다시 어둠 속으로 사라지지만 세계의 얼굴은 영원히 빛나며 웃고 있다. 생명은 영원토록 음악을 연주하고 끝없이 원무(圓舞)를 춘다. 그리고 우리 덧없고 위태롭고 연약한 필멸자에게 우연히 찾아오는 기쁨과 위안, 웃음은 모두 그 영원의 근원에서 나오는 광채이자 눈에 가득 담긴 빛이며 귀를 가득 채운 음악이다.

　전설 속 '행복한' 사람들이 실제로 존재했는지, 또는 부러움과 찬사를 한몸에 받았던 행운아나 태양의 총애를 받은 자들, 세계의 통치자에게 아주 드문 찰나의 축복과 은총이 비쳤는지는 중요하지 않다. 그들은 다른 행복을 체험할 수도 없었고 다른 기쁨을 나누어 가질 수도 없었을 것이기 때문이다. 완전한 현재 속에서 숨 쉬고, 천체들의 합창에 함께 어울려 노래하며, 세계의 원무에 함께 어울려 춤추고, 신의 영원한 웃음에 함께 웃는 것. 그것이 바로 우리가 '행복'에 동참하는 방식이다. 많은 이가 이를 단 몇 번 경험한다. 그러나 이를 한 번이라도 경험했다면 단지 한순간만 행복했던 것이 아니라 그 광휘와 울림에서 오는 무언가, 시간을 초월한 기쁨의 빛에서 나온 무언가를 느끼고, 연인들이 이 세상에 가져온 사랑과 예술가들이 세상에 가져온 위안과 즐거움을 느꼈을 것이다. 이런 사랑, 위안, 즐거움은 수 세기가 지나도 처음처럼 찬란하게 빛나는데, 이 모두가 그러한 근원에서 비롯되었기 때문이다.

　이것이 내가 인생을 살면서 이해한 '행복'이라는 단어의 포괄적이고 세상을 아우르는 신성한 의미다. 여기서 이 글을 읽는 아이들에게 다음과 같은 사실을 분명히 짚고 넘어가겠다.

나는 지금 결코 철학적인 논의를 하려는 것이 아니라 영혼의 역사 한 조각을 이야기하는 것뿐이며, 일상에서 대화를 하거나 글을 쓸 때 '행복'이라는 단어에 이처럼 엄청난 의미를 부여해야 한다고 강요하려는 의도는 전혀 없다. 다만 이 사랑스럽고 짧고 반짝이는 황금빛 단어 주위에는 내가 어린 시절부터 그 소리에서 느꼈던 모든 것이 모여 있다. 어린 시절에는 그런 감정이 훨씬 더 강렬했고 모든 감각이 그 단어의 관능과 매력에 더욱 크고 격렬하게 반응했다. 애초에 그 단어 자체가 이렇게 심오하거나 원초적이지 않았고 세계를 담고 있지 않았다면 영원한 현재, 다시 말해 (골드문트*가 보여준) '황금의 흔적(goldenen Spur)'과 (《황야의 이리》에 등장하는) 불멸자의 웃음(dem Lachen der Unsterblichen)*이라는 나의 관념이 이 단어 주위에서 구체화되지 않았을 것이다.

 사람들은 나이가 들어가면서 언제, 얼마나 자주, 얼마나 강하게 행복을 느꼈는지 떠올릴 때 가장 먼저 어린 시절을 돌아보는데 그럴 만하다. 왜냐하면 행복을 경험하려면 무엇보다 시간으로부터 자유로워야 하고 공포와 희망으로부터도 자유로워야 하는데, 세월이 흐르면서 대부분은 이렇게 자유로울 수 있는 능력을 잃어버리기 때문이다. 나 역시 영원한 현재의 찬란함과 신의 미소와 함께했던 소중한 순간들을 어린 시절의 기억에서 가장 많이 발견한다. 물론 청년 시절의 즐거움은 더욱 눈부시고 다채로웠고, 더 화려한 모습으로 더 밝게 빛났다. 나의 정신은 어린 시절보다 청년기의 즐거움에 더 많이 관여했다. 그러나 더 자세히 들여다보면 그것은 진정한 행복이라기보단 재미와 흥겨움에 더 가까웠다. 사람들은 유쾌하고 재치 있고 익살스러웠고 재미있는 농담도 많이 했다. 청춘이 꽃 피던 시절에 친구들의 모임에서 있었던 순간이 기억난다. 어떤 순진한 친구가 대화 중에 호메로스식 박장대소가 도대체 무엇이냐고 물었고, 나는 정확히 6보격(hexameter)* 운율에 맞춘 리듬감 있는 웃음으로 그에게 답했다. 사람들은 모두 크게 환호하며 서로 잔을 부딪쳤다. 하지만 훗날 뒤돌아보니 이런 순간들은 쓸모없는 것이었다. 모든 것이 아름답고 재미있고 근사했지만 행복은 아니었다. 충분히 오랫동안 관찰해보니 행복은 오직 어린 시절에만, 그중에서도 다시 찾기 힘든 시간과 순간에만 경험할 수 있는 것 같다. 모든 금이 순금은 아니듯이 어린 시절의 순간 중에서도 어떤 것들은 그 영광이 거짓되다. 이렇게 면밀하게 따져 고르다 보니 겨우 몇 가지 경험만 남았고 그조차 그림처럼 그릴 수 있거나 이야기처럼 들려줄 수 있는 것이 아니기에 기억들은 교묘하게 빠져나갔다. 처음에 떠올랐던 기억 하나는 몇 주나 며칠, 아니면 어떤 해의 크리스

마스나 생일이나 첫 휴가처럼 하루 동안의 일인 듯 보였다. 그러나 어린 시절의 하루를 기억 속에서 복원하려면 수천 장의 그림이 필요했고, 아무리 많은 그림을 모아도 단 하루, 심지어 반나절의 기억조차 불러오지 못했다.

며칠, 몇 시간, 심지어 단 몇 분간 동안일지라도 나는 여러 차례 행복을 경험했고 나이가 들고 노년에 접어들어서도 잠깐씩 그 행복에 가까이 다가가곤 했다. 인생 초반에 마주했던 행복한 경험 가운데서도 특히 한 가지는 아무리 자주 떠올려도 변함없이 강렬하게 남아 있다. 학창 시절의 일이었다. 그 경험의 본질과 진정성, 원초적이며 신화적인 성격, 조용히 웃고 있는 세계와 일치된 상태, 시간과 희망과 공포로부터 절대적으로 자유로운 상태, 완벽한 현재성 같은 것들은 불과 몇 분 지속될 뿐 오래 이어지지 못했다.

어느 날 아침, 열 살쯤 되는 활기찬 소년이던 나는 잠에서 깨어나면서 평소와 달리 내면의 태양이 나를 환하게 비추는 듯한 달콤하고 깊은 기쁨과 행복감을 느꼈다. 바로 지금, 소년 시절의 숙면에서 깨어난 이 순간에 새롭고 놀라운 일이 일어난 것 같았고, 작고도 위대한 나의 소년 세계 전체가 더 높은 경지로, 새로운 빛과 환경으로 들어선 듯했다. 마치 삶의 모든 아름다움이 이른 아침에야 비로소 그 완전한 가치와 의미를 얻은 것처럼 느껴졌다. 나는 어제와 내일에 대해서 아무것도 모른 채 행복한 오늘에 부드럽게 안겨 있었다. 내 감각과 영혼은 이 좋은 기분을 재거나 궁금해하지 않은 채 그저 음미할 뿐이었고, 그것이 나를 관통해 흐르면서 황홀함을 선사했다.

아침이었다. 높은 창 너머 이웃집의 기다란 지붕 용마루 위로 펼쳐진 맑고 깨끗한 푸른 하늘이 눈에 들어왔는데, 그 하늘도 특별한 일을 앞두고 가장 근사한 옷을 꺼내 입은 듯 행복으로 가득해 보였다. 내 침대에서 보이는 세상은 이 아름다운 하늘과 길게 뻗은 이웃집 지붕이 전부였지만 따분하고 황량한 짙은 적갈색 기와지붕마저도 웃고 있는 듯했다. 그림자가 드리운 비스듬한 벽 위로 은은한 색채의 향연이 펼쳐졌고, 붉은 점토 기와들 사이로 푸르스름한 유리 기와 한 장이 고요하게 빛나는 이른 아침 햇살을 반사하며 즐거워했다. 하늘, 다소 거친 지붕 끝자락, 갈색 제복을 입은 기와 군대, 유일하게 파란색인 투명한 유리 기와 한 장, 이 모두가 아름답고 유쾌한 방식으로 조화를 이뤘다. 그들은 이 특별한 아침 시간에 함께 웃고 사이좋게 지내는 일 말고는 아무것도 생각하지 않는 듯 보였다. 하늘의 푸른색, 기와의 갈색, 유리의 파란색은 한뜻이 되어 어울렸고, 나 또한 그 모습을 바라보며 그들의 놀이에 동참하고 함께 아침 햇살을 받으며 온몸으로 행복을 느꼈다.

그렇게 나는 잠에서 깨어난 후의 평화로운 여운에 젖어 아침의 시작을 즐겼고, 침대에 누워 아름다운 영원을 보냈다. 살면서 이와 비슷한 행복을 맛본 적이 있었겠지만, 이보다 더 깊고 진실하게 경험한 적은 없었다. 세상은 완벽하게 조화로웠다. 100초 동안이었든 10분 동안이었든 이 행복은 시간을 초월해 있었고, 마치 날갯짓하는 한 마리 푸른 나비가 다른 푸른 나비와 비슷하듯이 다른 모든 진정한 행복과 완전히 닮아 있었다. 그 순간은 덧없이 흘러갔고 시간에 휩쓸려 사라졌지만 60년도 더 지난 오늘날까지도 나를 사로잡을 만큼 강렬하고 심오하고 영원했기에, 나는 지친 눈과 아픈 손가락으로나마 그것을 다시 불러내고 미소 지으며 당시를 묘사하려고 애쓰고 있다. 내 주변의 몇 안 되는 사물과 나라는 존재가 조화를 이룰 때만 가능한 이런 행복은 어떤 변화나 상승도 요구하지 않는 욕망 없는 만족감 그 자체였다.

집 안은 아직 고요했고 밖에서도 아무런 소리도 들리지 않았다. 이 고요함이 아니었다면 아마 매일 아침 일어나 학교에 가는 일과가 떠올라 안온함이 깨졌을 것이다. 그러나 분명 낮도 밤도 아닌 시간이었고, 달콤한 햇살과 웃음 짓는 푸르름이 있을 뿐, 앞마당 사암 바닥을 돌아다니는 하녀들의 발걸음 소리도, 문이 닫히는 소리도, 빵집 아이들이 계단을 오르는 소리도 들리지 않았다. 이날 아침의 순간은 시간을 초월해 있었고, 무엇을 불러일으키거나 앞으로 다가올 일을 암시하지도 않았다. 이 순간은 그 자체로 충분했고 나를 완전히 감싸안고 있었다. 이 순간 나에게 하루라는 것은 존재하지 않았고 일어나서 학교에 가야 한다는 사실도, 미처 끝내지 못한 숙제와 제대로 외우지 못한 단어도, 환기를 마친 아래층에서 서둘러 먹어야 하는 아침 식사 따위도 생각나지 않았다.

이내 고조된 아름다움과 지나치게 벅찬 기쁨 때문에 영원할 것 같던 행복이 사그라들었다. 나는 움직이지 않고 가만히 누워 내 안으로 스며들며 나를 사로잡는 밝고 고요한 아침 세상을 느끼고 있었다. 그때 저 멀리서 황금빛의 낯선 무언가가 의기양양하게 울려 퍼졌다. 찬란한 빛과 벅찬 기쁨, 달콤한 유혹을 머금은 그 소리는 단숨에 고요를 무너뜨렸다. 바로 나팔 소리였다. 내가 완전히 잠에서 깨어 침대에서 몸을 일으켜 이불을 정리하는 동안 그 소리에 또 다른 소리가 하나둘씩 더해졌다. 시립합주단이 악기를 연주하며 거리를 힘차게 행진하고 있던 것이다. 환호성이 울려 퍼지고 축제 분위기로 한껏 들뜬 드물고 신나는 광경이 펼쳐지자 내 가슴속 어린아이의 마음은 웃는 동시에 흐느꼈다. 마치 그 축복받은 시간의 모든 행복, 모든 마법이 이처럼 날카로우면서도 감미로운 소리에 녹아들었다가 이제 깨어나 시간과 필멸의 세계로 쏟아져 나오는 듯했다. 나는 단숨에 침대에서 뛰쳐나와 축제의 기쁨에 몸을 떨며 문을 열고 옆방으로 달려갔다. 그 방 창문에서는 거리가 내려다보였다. 나는 환희와 호기심, 그 순간을 함께하고 싶은 열망에 휩싸여 창밖으로 몸을 내밀었다. 점점 가까워지는 합주단의 웅장하고 당당한 연주를 기쁘게 들으며, 이웃집들과 거리 곳곳이 깨어나 활기를 되찾고 사람들의 얼굴과 몸짓, 목소리로 채워지는 모습을 봤다.

바로 그 순간, 나는 비몽사몽하고 평온한 상태에서 까맣게 잊고 있었던 모든 걸 다시 깨달았다. 사실 오늘은 큰 축제가 있는 날, 그러니까 국왕의 생일이었다. 실제로 학교 수업이 없고 거리 행진과 깃발, 음악, 끊이지 않는 오락거리가 펼쳐지는 날이었던 것이다.

이 사실을 깨달은 뒤 나는 원래의 자리로 돌아와 일상의 법칙을 따랐다. 비록 그날은 평범한 날이 아니었고 금속성 소리에 깨어난 축제일이었지만 그 아침의 마법 속에 있던 고유하고 아름다우며 신성한 본질은 이미 사라진 상태였다. 그 작고 사랑스러운 기적 뒤로 시간의 파도, 세상의 파도, 평범함의 파도가 다시 나를 덮쳐왔다.

인간이 삶의 고난과 위험 속에서도 기뻐할 수 있다면, (…)

인간은 계속해서 자신의 모호함을 극복하고

자신의 존재에 의미를 부여할 수 있을 것이다.

어린 시절

너는, 나의 아득한 골짜기
마법에 걸린 듯 잠겨 있구나
때로 내가 고난과 고통 속에서 허덕일 때
너는 그림자 나라에서 나를 향해 손짓하며
살며시 동화 같은 눈을 떴지
그 순간 나는 짧은 환상에 휩싸여
완전히 너에게로 돌아왔구나

오 어둠의 문이여
오 어두운 죽음의 시간이여
가까이 오라, 내가 힘을 되찾아
이 삶의 공허함에서 벗어나
꿈속 고향으로 돌아갈 수 있게!

소년들에게

(1914년 말)

너희는 시간에 대해 아무것도 모르지
알고 있는 것이라곤 저기 멀리 어딘가에서
전쟁이 벌어지고 있다는 것뿐
너희는 나무를 깎아 칼과 방패와 창을 만들어
정원에서 신나게 싸움 놀이를 하고 있구나
천막을 치고
붉은 십자가가 그려진 흰 완장을 두른 채로
나의 가장 간절한 소망이 힘을 얻어 이뤄진다면
만약 그렇다면 전쟁은
너희에게 희미한 전설로만 남게 되리라
너희가 전장에 나가는 일도
누군가를 죽이는 일도
불타 무너진 집에서 도망치는 일도 없으리라

그렇지만 언젠가는 너희도 군인이 되어야 하겠지
그리고 언젠가 알게 되리라

이 생명의 달콤한 숨결도

소중하게 간직한 심장 박동도

물려받은 것일 뿐, 너희 핏속에 흐르는

까마득한 조상의 유산이

아득한 미래까지 이어진다는 것을

너희의 머리칼 한 올마다

한 번의 투쟁, 한 번의 고통, 한 번의 죽음이 깃들어 있음을

그리고 너희는 알아야 한다, 고귀한 이는

영혼 속에 항상 전사가 있다는 사실을

무기를 들고 있지 않더라도

날마다 적수가 나타나고

날마다 투쟁과 운명이 기다리고 있다는 것을

잊지 말라!

생각해보라, 너희의 미래가 놓인

그 피와 잔해와 폐허를

수많은 이의 죽음과 희생 위에서 비로소

작은 행복 하나가 세워진다는 것을

그러면 너희의 삶은 더욱 불타오르고

어느 날 죽음마저도 기꺼이 받아들이게 될 테니

한밤중에 친구를 생각하며

(1914년 9월)

이 사나운 해에는 가을도 일찍 찾아온다…
밤이 되어 홀로 들판을 걷자니, 바람이 모자를 스치고
빗방울이 떨어진다… 그런데 너는? 어떻게 지내는가, 친구여?

넌 어쩌면 서서 바라보고 있을지도 모르겠다
숲 위로 작은 호를 그리며 움직이는 초승달을
검은 계곡 사이로 붉게 타오르는 야영지의 불빛을
어쩌면 들판의 짚 더미 위에 누워 잠들었을지도
이마와 군복 위로 찬 이슬이 떨어지고 있을지도

아마도 오늘 밤 너는 말에 올라
최전방 초소에서 경비를 돌며 총을 손에 쥔 채
지친 말에게 미소를 보이며 속삭이고 있을지도 모르겠다
어쩌면, 내가 상상하기에 너는 이 밤
어느 낯선 성과 정원에 머물며
촛불 아래에서 편지를 쓰고 있을지도

창가에 놓인 피아노 건반을 눌러
소리를 내보고 있을지도…
그리고 어쩌면
너는 이미 말없이 누워서, 이미 죽어서
그 진중한 눈에 더는 아침 햇살이 비추지 않을지도
사랑스러운 갈색 손은 시들어 축 늘어지고
하얀 이마에는 갈라진 상처가 ― 아, 부디
단 한 번만이라도, 그 마지막 날에라도
너에게 보여줬더라면, 말해줬더라면
너무 조심스러워 전하지 못한 나의 사랑을!

너는 나를 알지, 너는 알지… 넌 웃으며 고개를 끄덕이지
오늘 밤 어느 낯선 성 앞 어둠 속에서도
젖은 숲속 말 위에서도 고개를 끄덕이고
거친 짚 더미에서 잠들어도 고개를 끄덕이고
너는 나를 생각하며 미소 짓겠지
그리고 어쩌면,
어쩌면 언젠가 네가 전쟁에서 돌아와
어느 저녁 나를 찾아올지도 모르겠다
사람들은 롱위, 리에주, 단네마리 전투를 얘기하겠지

진지하게 웃으면서, 예전과 다름없이
누구도 그 두려움에 대해서는 말하지 않을 거야
밤의 전장에서 느꼈을 그 두려움과 나약함에 대해
그 사랑에 대해. 한마디 농담으로
너는 두려움과 전쟁과 불안했던 밤을 쫓아버리고
조심스러운 사내들 사이에 번뜩이는 우정의 번개도
차가운 영원 속으로 밀어 넣어버릴 테지

비 오는 날

호수 위로 축 늘어진 잿빛 공기가 불길하게 걸려 있는 것이 금방이라도 비가 내릴 것 같다. 나는 여관 근처 해변을 따라 거닌다.

비가 내리더라도 상쾌하고 기분 좋은 날씨가 있다. 그런데 오늘 날씨는 그렇지 않다. 습한 기운이 짙은 공기 속을 오르내리고 움직이는 구름 사이로 새로운 구름이 끊임없이 피어난다. 하늘에는 어정쩡하고 불쾌한 기운이 가득하다.

저녁에는 훨씬 더 괜찮아질 줄 알았다. 어부의 선술집에서 저녁을 먹고 하룻밤 묵으며 해변을 산책하고 호수에 몸을 담그고 여건이 되면 달빛 아래에서 수영도 할 생각이었다. 그러나 이런 기대와 달리 음침하고 어두운 하늘은 신경질을 내며 불쾌한 듯 호수 위로 변덕스러운 빗줄기를 쏟아부었고, 변해 버린 풍경 속에서 나 또한 그에 못지않게 신경질을 내며 불쾌한 채로 느릿하게 걷는다. 어젯밤에 포도주를 너무 많이 또는 너무 조금 마셨거나 불편한 꿈을 꿔서 그런지도 모르겠다. 신만이 아실 일이다. 기분이 너무나 언짢고 공기가 축 늘어져 괴로운 데다 우울한 생각만 드니 세상에는 한 줄기 빛조차 보이지 않는다.

오늘 저녁엔 구운 생선을 먹으며 이 지역의 적포도주를 실컷 곁들여 마실 테다. 그러면 이내 반짝이는 무언가가 세상에 다시 나타나 삶이 좀 더 견딜 만해지리라. 선술집 벽난로에 불을 피우면 이 나른하고 늘어진 비를 더 이상 보고 있지 않아도 될 것이다. 기다란 고급 브리사고 시가를 태우며 포도주잔을 불 앞으로 가져가면 잔은 핏빛 보석처럼 반짝일 것이다. 그렇게 어떻게든 버틸 테다. 저녁이 지나가고 나는 잠들 수 있을 테니 내일이면 모든 게 달라지겠지.

빗방울이 얕은 해변가를 때리고, 차갑고 축축한 바람이 젖은 나무들을 헤집고 다니니 나무들이 죽은 물고기처럼 납빛으로 번들거린다. 악마가 휩쓸고 간 듯 모든 게 엉망이다. 하나같이 말썽이라 제대로 된 것이 하나도 없다. 기쁨도 따스함도 없이 모든 게 황량하고 슬프고 난장판이다. 현은 온통 틀어졌고 색은 뒤죽박죽이다.

나는 왜 그런지 안다. 어제 마신 포도주 때문도 아니고 꿈자리가 나빴기 때문도 아니고 비가 오기 때문도 아니다. 악마들이 나타나 내 안의 현이란 현들을 뒤틀어놨기 때문이다. 불안이 다시 찾아온 것이다. 어린 시절의 꿈과 동화 속에서, 학창 시절 겪었던 일들 속에서 느꼈던 바로 그 불안이. 피할 수 없는 운명에 갇힌 느낌, 그 우울함과 혐오감이. 세상은 얼마나 무미건조한가! 내일이면 또다시 일어나야 하고 또 먹어야 하고 또 살아가야 한다니 얼마나 끔찍한가! 그런데 왜 우리는 계속 살아가는가? 왜 우리는 이토록 어리석게 착한 것인가? 왜 우리는 진작 호수에 몸을 던지지 않았던가?

다른 방도는 없다. 방랑자이자 예술가이면서 동시에 건전한 시민이자 반듯한 인간이 될 수는 없는 일이다. 취하고 싶다면 숙취도 받아들여라! 햇빛과 순수한 환상을 원한다면 더러움과 구역질도 받아들여라! 모든 것은 자신 안에 있다. 황금과 진흙, 행복과 고통, 어린 시절의 웃음과 죽음의 공포까지도. 모든 것을 인정하고 아무것도 회피하지 말고 자기 자신을 속이려 하지 마라! 너는 건실한 시민도 아니고 그리스인도 아닐뿐더러 조화롭지도 않고, 자기 자신 하나 다스리지 못하는 폭풍 속 한 마리 새일 뿐이다. 폭풍이 몰아치길! 그렇게 너를 휘두르길! 너는 얼마나 많이 거짓을 말해왔던가! 너의 시와 책에서 너는 조화롭고 지혜로운 자, 행복한 자, 깨어 있는 자인 양 굴었지! 전쟁터에서 공격을 퍼붓던 자들은 창자가 뒤집힌 뒤에도 자신이 영웅이라도 되는 양 으스댔다! 오, 신이시여. 인간이란 얼마나 가여운 원숭이이며 자기 자신을 공격하는 불쌍한 싸움꾼이란 말인가! 특히나 예술가는, 특히나 시인은, 특히나 나란 인간은!

나는 구운 생선을 먹고 두꺼운 유리잔에 노스트라노 포도주를 따라 마시고 기다란 시가를 피우며 타오르는 벽난로에 침을 뱉을 것이다. 어머니를 떠올리며 불안과 슬픔에서 몇 방울의 달콤함을 짜내보리라. 그런 다음 얇은 벽에 붙인 허름한 침대에 누워 비바람 소리에 귀 기울이면서 두근대는 가슴을 억누르고 죽음을 바라면서도 죽음이 두려워 신을 찾을 것이다. 이 모든 게 지나갈 때까지, 절망이 지쳐 사라질 때까지, 잠이나 위안 같은 무언가가 내게 손짓할 때까지. 스무 살 때도 그랬고 오늘도 그러하며 그 끝이 올 때까지 계속 그럴 것이다. 언제나 또다시 나는 이런 날들로 내가 사랑하는 아름다운 삶의 대가를 치러야 할 것이다. 언제나 또다시 이런 나날들이, 불안과 혐오와 절망이 찾아올 것이다. 그렇더라도 나는 여전히 살아 있을 테고 여전히 삶을 사랑하리라.

오, 산에 걸린 저 구름은 얼마나 초라하고 악의에 찬 모습인지! 호수에 비친 희미한 저 빛은 얼마나 거짓되고 얄팍한지! 내 마음속에 떠오르는 이 모든 것이 얼마나 어리석고 절망스러운지!

내일이면 또다시 일어나야 하고

또 먹어야 하고 또 살아가야 한다니 얼마나 끔찍한가!

그런데 왜 우리는 계속 살아가는가?

왜 우리는 이토록 어리석게 착한 것인가?

한낮의 휴식

다시 하늘이 환하게 웃음 짓고, 공기가 춤추듯 흐른다. 멀고 낯설던 땅이 다시 나의 것이 되고 이국은 고향이 되었다. 나는 오늘 호숫가 나무 근처에 자리를 잡고 가축이 있는 외양간과 구름 몇 점을 그렸다. 부치지 않을 편지도 한 통 썼다. 이제 점심 도시락 주머니에서 먹을 것을 꺼낸다. 빵과 소시지, 견과류며 초콜릿까지.

근처 자작나무 아래에 마른 나뭇가지가 수북이 쌓여 있는 모습을 봤다. 작은 불을 피워놓고 그 불을 벗 삼아 옆에 앉고 싶다는 생각이 든다. 나는 그리로 걸어가 두 팔 가득 나뭇가지를 모아서 그 아래에 종이를 깔고 불을 붙인다. 가느다란 연기가 기분 좋게 솔솔 피어오르고, 옅은 붉은 불꽃이 한낮의 햇살 속에서 묘하게 깜박인다.

소시지 맛이 좋다. 내일도 같은 걸로 하나 더 사야겠다. 구워 먹을 밤 몇 알만 있었다면 참 좋았을 텐데!

점심을 먹고 나서 풀밭에 외투를 펼쳐 그 위에 머리를 대고 누워 내가 피운 작은 연기가 밝은 하늘로 올라가는 모습을 바라본다. 축제 기분을 내려면 음악이 좀 있어야겠다. 나는 외우고 있던 아이헨도르프°의 시들을 떠올린다. 그런데 몇 가지밖에 생각이 안 나고 그마저도 몇몇 구절은 기억나지 않는다. 나는 후고 볼프°와 오트마르 쇠크°의 선율에 맞춰 시들을 반쯤 노래하듯 읊조린다. 〈낯선 땅을 떠돌고 싶은 자〉와 〈사랑스럽고 충실한 류트여〉가 가장 아름답다. 이 노래들은 슬픔으로 가득하지만 그 슬픔은 단지 여름날의 구름일 뿐 그 뒤에는 태양과 신뢰가 버티고 서 있다. 그것이 아이헨도르프다. 이 점에서 그는 뫼리케°와 레나우°보다도 뛰어나다.

만약 어머니가 살아 계셨다면 나는 어머니를 생각하며 나에 대해 아셔야 할 것을 모두 고백하려 했을 것이다.

그때 열 살쯤 된 검은 머리의 작은 소녀가 나타나 나와 작은 모닥불을 찬찬히 살피더니 내가 건넨 견과류와 초콜릿 한 조각을 받고서 풀밭에 나란히 앉았다. 그러고는 아이들 특유의 위엄과 진지함을 담아 자기 염소와 오빠에 대한 이야기를 들려주기 시작한다. 우리 어른들은 얼마나 우스운 존재인가! 소녀는 아버지에게 식사를 갖다 주고 돌아가던 길이라 금방 집으로 가야 한다고 했다. 소녀는 공손하고 진지하게 작별 인사를 하고 나막신과 털양말을 신은 모습으로 떠나갔다. 소녀의 이름은 '아눈치아타'다.

모닥불이 꺼졌다. 해도 조금 기울었다. 오늘은 아직 한참을 더 걷고 싶다. 짐을 싸서 묶다가 아이헨도르프의 또 다른 시가 떠올라 무릎을 꿇은 채 한 구절을 읊조린다.

> 곧, 오 이제 곧 있으면 조용한 시간이 오리니
> 그때는 나 또한 쉬리라, 그리고 내 위로
> 숲속 나무들의 아름다운 고독이 속삭일지니
> 이곳에서도 나를 알아보는 이는 아무도 없네

이토록 사랑스러운 구절 속에서도 슬픔은 구름의 그림자일 뿐이라는 사실을 나는 처음으로 깨닫는다. 그 슬픔은 무상함의 부드러운 선율에 불과하며, 그것 없이는 어떤 아름다움도 우리의 마음에 와닿지 않는다. 그 슬픔에는 고통이 없다. 나는 그 슬픔을 품고 길을 나서서 만족스러운 마음으로 힘차게 산길을 오른다. 저 멀리 호수가 내려다보이고, 밤나무와 잠든 물레방아가 있는 방앗간 시냇물을 지나 고요하고 푸른 일광 속으로 걸어간다.

방랑자가 죽음에게

언젠가는 그대가 내게도 찾아오겠지
나를 잊지는 않을 테니
그러면 고통은 끝나고
굴레는 끊어지리라

여전히 그대는 낯설고 멀게만 느껴진다
사랑하는 형제, 죽음이여
마치 차가운 별처럼 서 있구나
나의 괴로움 위에

하지만 언젠가 가까이 다가오겠지
그리고 불꽃 가득 피우리
오라, 사랑하는 그대여, 나 여기 있으니
나를 데려가라, 나는 그대 것이니!

다시 하늘이 환하게 웃음 짓고,

공기가 춤추듯 흐른다.

붓다의 말씀

(1921년)

약 100년 전부터 유럽, 특히 독일에서 퍼지기 시작한 인도의 영적 물결을 이제는 어디에서나 뚜렷하게 느낄 수 있다. 타고르*와 카이절링*을 어떻게 평가하든 고대 동양의 정신문화를 향한 유럽의 갈망은 부인할 수 없을 만큼 매우 분명해졌다.

심리학적으로 표현하자면 유럽은 쇠퇴의 여러 징후를 접하면서 (전문 과학 분야에서 가장 뚜렷하게 드러나듯) 지적 문화가 지나치게 발전하며 나타난 불균형을 바로잡기 위해 반대편 세계로부터 새로운 치유책을 받아들여야 한다는 사실을 인지하기 시작했다. 그러나 많은 이에게 퍼져 있는 이 갈망은 새로운 윤리나 새로운 사유 방식에 관한 것이 아니라, 지식의 일부가 된 우리의 영적 삶이 그동안 제대로 다루지 못했던 영적 기능을 기르고자 하는 갈망이다. 자기 영혼의 주인이 되지 못하더라도 지식을 높은 수준까지 쌓아올릴 수는 있다. 사람들은 붓다나 노자보다는 요가에 더 관심이 많다.

얼핏 보면 끝없이 반복되는 불교 경전의 표현을 문자 그대로 옮긴 듯한 노이만의 번역본*은 독일 문필가들의 조롱을 받았다. 어떤 이들은 끊임없이 흐르며 마음을 진정시키는 이런 일련의 명상이 마니륜(摩尼輪)*을 떠올린다고 했다. 아무리 재치 있다 해도 이런 비판은 바라보는 대상을 제대로 파악하지 못한 데서 비롯된 것이다. 사실 붓다의 말씀은 어떤 교리를 모아놓은 것이 아니라 명상의 본보기를 제시한 것이기 때문이다. 명상적 사고야말로 우리가 불교에서 배워야 할 점이다. 명상이 과학적 사고와 다른, 더욱 가치 있는 결과를 가져올 수 있는지에 대한 질문은 무의미하다. 명상의 핵심과 목적은 서구적 지성이라는 의미의 지식이 아니라 의식을 전환하고, 순수한 조화를 최고의 목표로 삼으며, 논리적 사고와 직관적 사고가 동시에 균형 있게 협력하는 상태를 이루는 것이기 때문이다. 우리는 이런 이상에 도달할 수 있을지 판단할 능력이 없다. 이 기술에 있어서 우리는 어린아이이자 초심자에 불과하다. 그렇다 하더라도 명상 수행을 시작하고자 한다면 붓다의 말씀을 공부하는 것보다 더욱 직접적인 길은 없을 것이다.

독일 교수들 중에는 불교의 범람으로 서구의 지성이 가라앉는 것은 아닌지 불안해하는 사람도 많다. 그러나 서구의 지성은 가라앉지 않을 것이며 유럽이 불교 문화권이 되는 일도 절대 일어나지 않을 것이다. 누군가 붓다의 말씀을 읽고 그것을 계기로 불교 신자가 된다면 자신의 위안을 찾을지는 몰라도, 이는 붓다가 보여주고자 한 '길'이 아닌 비상구를 택한 것에 불과하다.

 삭막한 일상의 고통에서 벗어나고자 교조적 불교라는 아편에 몸을 맡기는 금욕주의자와 마찬가지로, 실론이나 시암에서 온 청동 불상 옆에 붓다의 말씀 세 권을 올려놓는 유행을 좇는 사람 역시 불교에서 말하는 '길'을 찾기란 어렵다. 만약 서구인들이 명상에 대해 배운다면 인도인들에게 나타난 것과는 또 다른 결과를 얻을 것이다. 명상은 아편이 아니라 그리스 시대 현자가 제자들에게 첫 번째로 요구하던 가장 거룩한 항목, 곧 한층 심오한 자기 인식의 방편이 될 것이다.

(1921년)

 '미래의 종교'를 벌써부터 논하는 일은 무의미하겠지만, 현대의 구도자들에게 과거의 몇 안 되는 위대한 이상과 자신을 견주어보는 일은 여전히 유용하고 가치 있을 것이다. 그러나 이러한 비교는 굴욕적인 패배로 끝나기 마련이다. 우리 시대를 진정한 종교성이 존재했던 시대와 비교하는 순간, 자신이 문화적으로 유치하고 무력하다는 사실을 깨닫기 때문이다. 우리가 수많은 지식을 쌓아온 만큼이나 우리의 목마름도 진실하다. 우리의 지식이 아무것도 아니라고 생각하고서 영적으로 새롭게 출발하려는 각오 역시 진실하다. 그러나 현시점의 우리는 전통도 기술도 훈련도 부족하기 짝이 없다. 내면의 삶에 관한 지식, 본능을 통제하는 능력, 영혼을 수련하는 방법에 관해서는 무(無)에 가깝다.

바로 이 때문에 우리는 먼 옛날의 영웅들, 예수와 기독교 성인들, 중국의 성현들 그리고 붓다에게서 배워야 하는 것이다. 영혼의 수련과 수양에 대해 완전히 무지한 우리는 현대의 수많은 교육학 이론보다 중세 시대 수도회의 가장 사소한 규율에서 더 많은 것을 배울 수 있다.

이런 차원에서 볼 때 붓다의 말씀은 비할 데 없는 풍성함과 깊이를 지닌 원천이자 보고(寶庫)다. 붓다의 가르침을 단순히 지적 차원에서만 바라보는 태도를 버리고 오랜 세월 동양에서 이어져온 '합일(合一)'이라는 개념을 순순히 받아들이며, 붓다를 화신, 형상, 깨달은 자, 완성된 존재로 받아들이는 순간, 우리는 그의 가르침에 담긴 철학적 내용이나 교리적 핵심과 별개로 붓다 안에서 인류의 위대한 본보기를 발견하게 된다. 붓다의 수많은 '말씀' 중 일부라도 주의 깊게 읽어본 사람이라면 이내 그 안에 담긴 조화로움, 영혼의 평온함, 염화미소(拈華微笑), 흔들림 없는 확고함은 물론 변함없는 자애와 끝없는 관용을 깨닫는다. 거룩한 영혼이 평온함에 이르는 길과 방법을 전하는 붓다의 말씀은 충고와 훈계, 암시로 가득하다.

붓다의 가르침에서 사상적인 내용은 그가 남긴 업적의 절반에 불과하며 나머지 절반은 그의 생애, 곧 그가 몸소 실천한 덕업과 행적을 통해 보이는 그의 삶 자체라고 할 수 있다. 그는 최고 수준의 영적 수련을 실천하고 설파했다. 붓다와 관련해 '정적주의(靜寂主義)' 또는 '힌두식 몽상' 따위를 떠들어대는 생각 없는 사람들은 이런 수행을 전혀 이해하지 못한 채 붓다에게서 서구의 핵심 덕목인 진취성이 보이지 않는다고 비판한다. 그러나 붓다는 자신과 제자들의 수행을 통해 계율을 실천하고 목표를 세워 정진한 끝에, 진취성을 대표하는 유럽의 영웅들조차 경외할 만한 업적을 이뤘다. 우리가 도래하고 있다고 느끼거나 갈망하는 새로운 종교나 종교성의 '내용'에 관해서라면 붓다에게서 얻을 것이 거의 없다. 그의 가르침에 담긴 '내용'은 비록 쇼펜하우어라는 다소 신뢰하기 어려운 우회로를 거치기는 했으나 어쨌든 이미 철학을 통해 우리가 오랫동안 알고 있던 것이기 때문이다. '새로운 종교'의 경우에도 마찬가지로 지적 내용보다는 태초의 것에 관한 새롭고 생생한 상징들이 훨씬 중요하다. 종교란 것은 일정 부분 외부로부터, 우리 머리 위 저 먼 곳으로부터 온다. 우리는 우리의 '등불'이 꺼지지 않도록 기름을 채워 미리 준비하기만 하면 된다.

이런 준비의 한 요소는 경외심을 느낄 줄 아는 능력일 것이다. 우리가 성자에게 마땅히 품어야 할 경외심으로 붓다를 대하고, 감사하는 마음으로 그 참되고 거룩한 목소리를 경청한다고 해서 어떤 해악이 생긴다는 것인지 난 도무지 모르겠다. 오늘날 우리가 자주 듣는 위험한 '동양'에 대한 경고는 모두 특정 교리와 종파, 계율을 수호하려는 신봉자 집단에서 비롯된 것이다.

(1922년)

거룩한 영혼이 평온함에 이르는 길과 방법을 전하는

붓다의 말씀은 충고와 훈계, 암시로 가득하다.

운명

우리는 분노와 오해 속에서
아이들처럼 갈라진 채
서로에게서 멀어진 채
어리석은 수치심에 사로잡힌다

고통과 기다림 속에서
그렇게 세월은 흘러갔지
우리 젊음의 정원으로
이어지는 길은 이제 없다네

노년에 대하여

(1952년)

노년은 우리 생애의 한 단계로, 다른 모든 단계와 마찬가지로 고유한 얼굴, 고유한 분위기와 온도, 고유한 기쁨과 고뇌가 있다. 우리 백발의 노인들은 더 젊은 동료들과 마찬가지로 삶에 의미를 부여하는 나름의 역할을 맡고 있다. 심지어 중병에 걸려 이 세상의 외침이 거의 닿지 않는 병상에 누워 죽음을 기다리는 사람에게도 주어진 과업이 있으며, 이뤄야 할 중요하고 필수적인 무언가가 있기 마련이다. 늙는다는 것은 젊다는 것과 마찬가지로 아름답고 거룩한 과업이며, 죽음 자체를 마주하고 배우는 일 역시 다른 어떤 일 못지않게 가치 있다. 모든 생명의 의미와 거룩함을 향한 경외심을 품고 있는 한 말이다. 자신의 직업과 일상의 과제를 혐오하고 도피하려 하는 신체 건강한 젊은이가 그 세대의 좋은 대표자는 아니듯이, 나이 들어 백발이 되는 것이 싫고 죽음에 가까워지는 것이 두려운 사람이 노년이라는 단계를 대표하는 것은 아니다.

간단히 말해 나이 듦의 의미를 온전히 깨닫고 그 의무를 다하려면 노년과 그에 따르는 모든 것을 기꺼이 받아들여야 한다. 이를 긍정하지 않으면 안 된다. 이런 긍정이 없으면, 다시 말해 자연이 우리에게 요구하는 것을 따르지 않으면 늙든 젊든 우리가 살아가는 날들은 그 가치와 의미를 잃고 결국 삶을 배신하게 된다.

늙으면 병들어 쇠약해지고 그 끝에는 죽음이 기다리고 있다는 사실을 누구나 안다. 해를 거듭할수록 희생을 감수하고 체념할 것들이 늘어난다. 자신의 감각과 능력도 더 이상 믿을 수 없게 된다. 얼마 전까지만 해도 짧았던 산책길이 점점 길고 피곤하게 느껴지며, 언젠가는 더 이상 그 길을 걸을 수도 없게 된다. 평생 그토록 즐겨 먹던 음식도 일부는 포기해야 한다. 육체적인 기쁨과 즐거움은 점차 드물어지고 갈수록 더 큰 대가를 치러야 누릴 수 있게 된다. 온갖 불편과 질병, 약해지는 감각, 기능이 떨어지는 신체 기관, 특히 길고 불안한 밤에 자주 찾아오는 수많은 고통까지. 이 모든 것이 부인할 수 없는 쓰라린 현실이다. 하지만 이렇게 쇠약해지는 과정에 굴복해 체념한 채 노년에도 좋은 면과 장점, 위안과 기쁨의 원천이 있다는 사실을 보지 못한다면 비참하고 슬픈 일일 것이다. 노인 두 사람이 만나 지긋지긋한 통풍, 굳어진 관절, 계단을 오를 때 가빠지는 호흡에 관해서만 이야기해서는 안 된다. 괴롭고 화나는 일들로만 대화를 나누지 말고 더 즐겁고 위안이 되는 경험과 주제에 관해서도 이야기해야 한다. 찾아보면 그런 것은 많이 있다.

노년의 삶이 가진 긍정적이고 아름다운 면을 떠올려보면 우리 노인에게는 젊은이들의 삶에서 전혀 중요하지 않았던 힘, 인내, 기쁨의 원천이 있음을 알게 된다. 그렇다고 해서 내가 종교와 교회가 주는 위안에 대해서까지 설명할 수는 없는 노릇이다. 그것은 성직자의 몫이다. 그래도 노년이 우리에게 주는 몇 가지 선물을 열거할 수는 있겠다. 이 가운데 나에게 가장 소중한 선물은 바로 오랜 세월 살아오며 기억 속에 간직한 장면들의 보물창고다. 점점 활동성이 떨어지면서 우리는 그곳을 이전과는 다른 관심으로 들여다보게 된다. 그곳에서는 이 세상에서 사라진 지 60년, 70년이 지난 인물들의 모습과 얼굴이 여전히 살아 숨 쉬며 우리와 함께하고 생동하는 눈빛으로 우리를 바라본다. 머릿속 그림첩을 펼치면 그사이에 사라졌거나 변해버린 집과 정원, 도시를 당시의 모습으로 볼 수 있고, 수십 년 전 여행하러 갔던 머나먼 산맥과 해안가도 선명하고 다채로웠던 모습 그대로 만나볼 수 있다. 주목하고 관찰하고 깊이 생각하는 일이 점점 더 습관이 되고 훈련이 되면 관찰자의 기분과 태도가 행동 전반에 스며든다. 우리 대부분은 수년 수십 년을 소원, 꿈, 욕망, 열정에 이끌려 폭풍처럼 질주하며 살아왔고, 초조해하고 긴장한 채로 기대에 들뜨거나 성취나 실망에 몹시 흥분하곤 했다. 오늘에 이르러 우리는 조심스럽게 인생이라는 커다란 그림첩을 펼쳐보면서 쫓고 쫓기는 삶에서 벗어나 '관조적 삶(Vita contemplativa)'에 도달했다는 사실이 얼마나 아름답고 훌륭한 일인지 깨닫고 놀란다. 예전에는 신경 쓰지 않았던 꽃들이 이곳 노년의 정원에는 수없이 피어 있다. 이곳엔 인내의 꽃이라는 고귀한 꽃도 있다. 이런 꽃들과 함께 우리는 더욱 여유로워지고 더욱 관대해진다. 참여와 행동에 대한 요구가 줄어들수록 자연과 동료 인간의 삶을 관조하고 경청하는 능력은 더욱 커진다. 그 삶이 우리 곁을 지날 때 함부로 비판하지 않고, 그 다채로움에 끊임없이 놀라워하면서 때로는 동정심과 조용한 연민으로, 때로는 웃음과 해학과 순수한 기쁨으로 바라볼 줄 알게 된다.

얼마 전에 나는 정원에서 낙엽과 마른 나뭇가지들을 태워 불을 피우고 있었다. 그때 여든 살쯤 되어 보이는 한 노부인이 우리 집 산사나무 울타리를 지나다가 멈춰 서더니 나를 쳐다봤다. 부인에게 인사하자 그녀가 웃으며 이렇게 말했다. "작은 불꽃을 아주 잘 다루시는군요. 우리 나이에는 아무래도 지옥과도 조금씩 친구가 되는 게 좋지요." 이 말이 우리 대화의 분위기를 결정했고, 서로에게 온갖 고통과 불편함에 대한 하소연을 늘어놓으면서도 대화는 한결같이 유쾌하게 흘렀다. 대화가 끝날 무렵에는 우리가 이 모든 것에도 불구하고 아직 대단히 나이가 많은 것도 아니며, 마을에서 가장 연세가 많은 100세 할머니가 살아 있는 한 우리는 진짜 노인도 아니라는 사실을 서로 인정했다.

풋내기 젊은이들이 힘과 무지에서 나오는 우월감으로 우리를 비웃으며, 우리의 어색하고 느린 걸음걸이와 희끗희끗한 백발, 삐쩍 마른 목덜미를 조롱할 때, 우리 역시 한때는 힘과 무지로 노인들을 비웃었다는 사실을 떠올려보라. 우리 자신을 열등하거나 패배한 존재로 느끼지 않고 오히려 그런 삶의 단계를 벗어나 이전보다 한층 더 큰 현명해지고 더 큰 인내심을 갖게 되었음에 기뻐하게 될 것이다.

쫓고 쫓기는 삶에서 벗어나

'관조적 삶'에 도달했다는 사실이

얼마나 아름답고 훌륭한 일인지 깨닫고 놀란다.

3부

자신의 영혼을 외면하지 않는 삶

영혼에 관하여

(1917년)

욕망의 시선은 불순하고 왜곡된다. 우리가 아무것도 갈망하지 않을 때, 우리의 시선이 순수한 관조가 될 때 비로소 사물의 영혼, 곧 아름다움이 그 모습을 드러낸다. 내가 만약 숲을 볼 때 매입하거나 임대하거나 벌목하거나 사냥을 가거나 담보로 잡을 의도가 있다면, 나는 숲 자체를 보는 게 아니라 숲에 얽힌 나의 욕망, 계획, 걱정, 지갑과 연결 지어 보는 것일 뿐이다. 이때 숲은 젊은지 늙었는지, 건강한지 병들었는지 따져야 하는 목재 공급원에 불과하다. 하지만 내가 아무것도 바라지 않고 그저 '무심히' 짙은 녹음을 바라본다면 그제야 그것은 숲이 되고 자연이 되고 자라나는 초목이 되며 비로소 아름다운 무언가가 되는 것이다.

사람과 사람의 얼굴도 마찬가지다. 내가 누군가를 두려움, 희망, 욕망, 의도, 요구의 시선으로 바라본다면 그 대상은 인간이 아니라 내 욕망을 비추는 흐린 거울일 뿐이다. 의식적이든 무의식적이든 나는 다음과 같은 제한적이고 비뚤어진 질문에 비춰 상대를 바라보게 된다. '다가가기 쉬운 사람인가 아니면 거만한 사람인가?' '나를 존중하는가?' '돈을 빌릴 수 있는가?' '예술에 대해 조금이라도 이해를 하는가?' 우리는 누군가를 만날 때 이런 수천 가지 질문으로 그 사람을 따져본다. 또한 전문 심리학자란 상대의 외모, 태도, 행동에서 우리의 목표에 도움이 되거나 방해가 될 요소를 알아차릴 수 있는 사람이라고 생각한다. 하지만 이런 태도는 터무니없다. 이런 식의 심리학이라면 무지렁이, 장사꾼, 엉터리 변호사가 다수의 정치인이나 학자보다 뛰어난 게 된다.

욕망이 멈추고 관조와 순수한 통찰, 몰입이 일어나는 순간, 모든 것이 변한다. 인간은 더 이상 유용한지 위험한지, 흥미로운지 지루한지, 상냥한지 무례한지, 강한지 약한지를 따져야 하는 대상이 아니다. 순수한 관조가 향하는 모든 사물과 마찬가지로 그 사람은 자연이 되고 아름답고 특별한 존재가 된다. 관조는 탐구나 비판이 아니라 사랑 자체이기 때문이다. 그것은 우리 영혼의 가장 고귀하고 바람직한 상태, 곧 욕망 없는 사랑이다.

　이 상태에 도달하면 (영원히 이 상태에 머무를 수 있다면 완벽하게 행복하겠지만) 몇 분이든 몇 시간이든 며칠이든 사람들이 예전과는 다르게 보인다. 그들은 더 이상 우리의 욕망을 비추는 거울이나 왜곡된 형상이 아니다. 그들은 다시 자연이 된다. 아름다움과 추함, 늙음과 젊음, 친절함과 불쾌함, 솔직함과 과묵함, 단단함과 부드러움, 이 모든 것이 더는 대립하는 개념이나 척도가 아니다. 모두가 아름답고 모두가 특별하며 누구도 멸시당하거나 미움받거나 오해받지 않는다.

　고요한 관조의 관점에서 보면 모든 자연은 단지 영원히 번식하는 불멸의 생명이 변화하는 모습에 불과하며, 따라서 인간의 특별한 역할과 의무는 영혼을 표현하는 것이다. '영혼'이 인간에게만 존재하는지 동물과 식물에도 존재하는지에 관한 논쟁은 무의미하다! 영혼은 분명 어디에나 존재하고 어디에나 있을 수 있으며, 어디에서나 준비되어 있고 어디에서나 추측과 갈망의 대상이 된다. 하지만 (비록 돌에도 움직임, 생명, 성장, 부패, 진동이 있지만) 돌이 아니라 동물을 움직임의 표상으로 생각하듯이 우리는 매번 인간에게서 영혼을 찾는다. 우리는 영혼이 가장 눈에 잘 띄는 곳, 영혼이 고통받고 행동하는 곳에서 영혼을 찾는다. 과거에 인간의 과제가 직립보행을 하고, 야성의 털을 벗고, 도구를 발명하고, 불을 피우는 일이었다면 이제 인간의 과제는 우주의 한 귀퉁이이자 특별한 영역으로서 영혼을 발전시키는 일인 듯하다.

이렇게 인류 전체는 영혼의 표상이 된다. 산과 바위에서 중력이라는 원초적인 힘을 보고, 동물에서 운동성과 자유를 향한 몸짓을 보고 사랑하듯이 (이 모든 것을 대표하는) 인간에게서 나는 우리가 '영혼'이라고 부르는 생명의 형태와 가능성을 본다. 우리 인간에게 영혼은 생명의 수천 가지 줄기 중 임의의 한 가지가 아니라 그 자체로 선택받고 진화해온 지고의 목표인 것 같다. 우리의 사고가 유물론적이든 관념론적이든 어떻든, '영혼'을 신성한 것으로 여기든 산화하는 물질이라고 생각하든 우리 모두 영혼을 알고 있고 매우 중요하게 여기기 때문이다. 또한 영감이 깃든 인간의 시선, 예술, 영혼의 형상화야말로 모든 유기적 생명체가 이룬 가장 새롭고 귀중한 정점이기 때문이다.

이렇게 동료 인간은 우리에게 가장 고귀하고 위대하며 소중한 관조의 대상이 된다. 물론 모두가 한 번 만에 이 명백한 결론에 도달하는 것은 아니다. 나 역시 이를 힘들게 알아냈다. 젊은 시절에 나는 인간보다 풍경이나 예술 작품을 더 가까이 했고, 심지어 공기, 흙, 물, 나무, 산, 동물만 나오고 인간은 전혀 등장하지 않는 시를 오랫동안 꿈꾸기도 했다. 나는 인간이 영혼의 길에서 너무 멀리 벗어났고, 욕망에 사로잡혀 있으며, 동물적이고 원시적인 목표를 야만적으로 추구하고, 겉만 번지르르한 허튼소리들에 열중하는 존재라고 생각했다. 또한 어쩌면 이미 인간은 영혼에 이르는 길에서 버림받아 퇴보하고 있으며 자연에서 벗어나 다른 길을 찾아야 할지도 모른다는 심각한 착각에 빠지기도 했다.

여기 평범한 현대인 두 사람이 있다. 우연히 처음 만나 서로에게 물질적으로 바라는 것이 전혀 없는 이들이 서로를 대하는 방식을 관찰해보면, 그들 각자를 둘러싼 공기가 얼마나 두껍고 억압적인지, 그들의 보호막이 얼마나 견고한지 뚜렷하게 알 수 있다. 그들은 영혼에서 멀어지게 하는 온갖 산만함으로 얽힌 그물에, 본질은 무시한 채 타인에게서 멀어지는 의도, 불안, 바람 등으로 엮인 그물에 휘감겨 있다. 영혼은 마치 목소리를 내서는 안 된다는 듯, 두려움과 수치심이라는 높은 울타리에 둘러싸여 있는 것 같다. 오직 욕망 없는 사랑만이 이 그물을 뚫을 수 있다. 그렇게 생겨난 틈새를 통해 영혼은 우리의 얼굴을 바라본다.

우연히 같은 기차 칸에 앉게 되어 1시간 동안 동행해야 하는 두 젊은 신사가 나누는 대화를 지켜보라. 한없이 기이하며 거의 비극에 가깝다. 서로 악의는 없지만 극과 극처럼 멀찍이 거리를 두고 차갑게 인사한다. 그들 각자는 자존심, 위태로운 자존심, 의심과 경계라는 요새 속에 사는 듯하다. 객관적으로 봐도 그들이 내뱉는 말은 터무니없는 헛소리로, 마치 아무리 벗어나려 해도 싸늘한 잔재가 끝없이 달라붙는 영혼 없는 세계 속 낡고 굳은 상형문자 같다. 일상적인 대화에서 영혼이 드러나는 사람은 극히 드물다. 그런 사람은 시인을 넘어 성인에 가깝다. 기차 칸의 두 젊은 유럽인은 영혼을 거의 드러내지 않으며 오로지 조직적인 의지와 지성, 목표, 계획만 있는 것 같다. 돈과 기계, 불신의 세계에서 자신의 영혼을 잃어버린 것이다. 그들은 영혼을 되찾아야 한다. 그렇지 않으면 병들고 고통받게 된다. 하지만 그렇게 되찾더라도 그 영혼은 잃어버린 어린 시절의 영혼이 아니라 훨씬 더 섬세하고 개인적이며, 훨씬 더 풍요롭고 책임감 있는 영혼일 것이다. 우리는 어린아이로, 원시의 상태로 되돌아가는 것이 아니라 앞을 보며 인격과 책임과 자유를 향해 나아가야 한다.

우리의 두 젊은이에게는 이런 목표에 대한 암시도 직관도 없다. 이 두 사람은 평범한 현대인이다. 이들은 일상의 언어를 구사하는데 그 언어는 가죽 탈만큼이나 영혼의 목표에 어울리지 않는다. 하지만 우리는 수백 번의 망설임과 시도 끝에 서서히 그 가죽을 벗어던질 수 있다.

그들의 원시적이면서 거칠고 짧은 언어는 대개 이런 식이다.

"안녕하세요." 한 사람이 말한다.

"안녕하십니까." 다른 사람이 말한다.

"실례하겠습니다."

"괜찮습니다."

이렇듯 딱 해야 할 말들만 오간다.

그런데 의례적인 말들이 풍기는 어조는 굉장히 기이하다. 퉁명스럽다고 할 정도는 아니지만, 예의 바른 말들임에도 어쩐지 무뚝뚝하고 간결하고 차갑게 들린다. 다투는 상황도 아니었고 두 사람 모두 나쁜 마음이 있지도 않았다. 그러나 표정과 어조는 기분이 상한 듯 차갑고 신중하며 딱딱하다. 금발 남자는 "괜찮습니다"라고 말하면서 경멸에 가까운 표정으로 눈썹을 치킨다. 그가 실제로 상대를 경멸하는 건 아니다. 수십 년간 영혼 없는 인간들과 교류하며 자기방어 수단이 되어버린 의례를 사용하고 있을 뿐이다. 그는 속마음을, 영혼을 숨겨야 한다고 생각한다. 영혼은 드러내고 헌신할 때 비로소 번영한다는 사실을 모르는 것이다. 그는 자긍심을 품은 하나의 인격체이지 순진한 야만인은 아니다. 그러나 그의 자긍심은 애처로울 정도로 불안정하고 스스로를 지키기 위해 주변에 벽을 세운다. 만약 누군가가 그에게서 미소를 끌어낸다면 이 자긍심은 무너질 것이다. '교양 있는' 사람들 사이에서 오가는 이토록 냉담하고 신경질적이고 교만하면서 동시에 불안정한 어조는 병적인 징후다. 다시 말해 억압으로부터 자신을 보호할 다른 방법을 모르는 영혼이 필연적으로 겪는, 동시에 그렇기에 해결의 실마리가 보이는 영혼의 병이다. 이런 영혼은 얼마나 소심하고 나약한가! 도대체 얼마나 어리고 인정받지 못한다고 느끼는 것인가! 얼마나 자신을 숨기고 또 얼마나 두려워하는가!

만약 지금 두 신사 중 한 명이 진정으로 자신이 원하고 느끼는 대로 행동한다면 그는 상대에게 손을 내밀거나 상대의 어깨를 어루만지며 이렇게 말할 것이다. "이야, 정말 굉장한 아침이군요. 모든 게 빛나네요. 난 지금 휴가 중입니다! 새로 산 이 넥타이 멋지죠? 아 참, 가방에 사과가 있는데 하나 드실래요?"

만약 그가 정말 이렇게 말했다면 상대방은 흔치 않은 기쁨과 감동, 웃음과 흐느낌이 뒤섞인 감정에 벅차오를 것이다. 왜냐하면 상대가 영혼으로 말하고 있음을, 지금 사과나 넥타이가 중요한 게 아니라 방금 어떤 커다란 변화가 일어났음을 깨닫기 때문이다. 관습에 억눌렸던 무언가가 마침내 드러난 것이다. 이렇듯 관습이 사라질 조짐이 보이지만 안타깝게도 관습의 힘은 여전히 강력하다.

상대방은 자신이 느낀 감정을 끝내 드러내지 않을 것이다. 그는 기계적이고 방어적으로 행동하면서 우리가 소통 대신 사용하는 수천 가지 대사 중 하나, 예를 들어 "그렇군요…… 참 좋네요" 같은 아무 의미 없는 말 몇 마디를 툭 내뱉을 것이다. 그는 불편한 기색으로 인내심이 한계에 달했다는 듯 고개를 돌리고 시선을 피할 것이다. 시곗줄을 만지작거리거나 창밖을 응시하는 등 스무 가지 정도의 영혼 없는 상형문자를 통해 자신은 내면의 기쁨을 결코 드러낼 생각이 없으며 이 성가신 신사에 대한 약간의 연민 외에는 아무것도 드러내지 않겠다는 의지를 내비칠 것이다.

하지만 이 모든 일 중 단 하나도 일어나지 않는다. 흑발 남자는 실제로 가방에 사과가 있었고 아름다운 날씨와 휴가, 넥타이, 노란 구두에 대해 속으로 아이처럼 기뻐하고 있었다. 그러나 만약 금발 남자가 "환율이 심각한 문제네요"라며 대화를 시작한다면 흑발 남자는 영혼이 시키는 대로 행동하지 못할 것이다. "아, 쓸데없는 일은 잊어버리시죠. 환율이 우리와 무슨 상관이라고요!"라고 소리치지는 않을 테니까. 대신 걱정스러운 표정으로 한숨을 쉬며 "그러게 말입니다. 큰일이네요!"라고 대꾸할 것이다.

놀라운 광경이다. (우리 모두가 그렇듯) 이 두 신사는 그렇게 스스로에게 엄청난 억압을 가하면서도 겉으로는 아무렇지 않아 보였다. 그들은 마음속으로 웃으면서도 침울한 척할 수 있고, 영혼으로 소통하고 싶더라도 겉으로는 냉정하고 방어적으로 굴 수 있다.

계속 관찰을 이어가보자. 말 속에, 표정에, 어조에 없더라도 어딘가에는 영혼이 존재할 것이다. 이제 금발 남자는 아무도 자신을 보지 않는다고 느꼈는지 무아지경에 빠져 차창 너머로 멀리 펼쳐진 뾰족뾰족한 전나무 숲을 바라보고 있다. 그의 시선은 자유롭고 꾸밈없으며 젊음과 그리움, 순진하고 뜨거운 꿈으로 가득 차 있다. 그는 완전히 다른 사람이 된 듯하며 더 젊고 더 소박하고 더 천진하고 무엇보다 더 잘생겨 보인다. 마찬가지로 그토록 흠잡을 데 없고 다가가기 어려웠던 또 다른 신사는 자리에서 일어나 머리 위 그물 선반에 있는 여행 가방으로 손을 뻗는다. 언뜻 보면 그가 가방의 위치를 확인하며 떨어지지 않게 하려는 것 같지만 사실 가방은 문제없이 잘 놓여 있기에 그럴 필요가 없다. 그 젊은이는 가방을 고정하려는 것이 아니라 만져보고 확인하고 다정하게 쓰다듬고 싶은 것이다. 왜냐하면 더 없이 실용적인 가죽 가방 안에는 사과와 속

옷 외에도 중요하고 거룩한 무언가, 고향에 있는 연인을 위한 선물이든 도자기로 만든 닥스훈트든 쾰른 대성당 모양의 과자든 이 젊은이에게 현재 가장 소중한 무언가, 꿈꾸고 사랑하고 숭배하는 무언가, 항상 손에 들고 어루만지며 감탄하고 싶은 무언가가 들어 있기 때문이다.

이제 우리는 1시간 동안 기차 여행을 하면서 어느 정도 교육을 받은 오늘날의 평범한 두 젊은이를 관찰했다. 그들은 대화를 나누고 인사를 주고받고 의견을 교환하며 고개를 끄덕이거나 저었고, 수많은 사소한 일과 이런저런 행동을 하며 움직였지만 그 어떤 것에도 영혼은 관여하지 않았고, 말 한 마디, 시선 한 번에도 영혼은 담겨 있지 않았다. 자신을 잊은 채 창문 너머 저 멀리 푸르스름한 숲을 바라보던 시선과 가죽 가방에 손을 뻗어 잠시 어색하게 잡아보던 순간을 제외하고는 모든 것이 가면이었고 기계적이었다.

이제 당신은 이렇게 생각한다. "오, 소심한 영혼들이여! 언제가 돼야 밖으로 나올 것인가? 구원의 경험에서, 배우자와의 결합에서, 신념을 위한 투쟁에서, 행동과 희생에서 아름답고 부드럽게 드러날까? 아니면 그와 반대로 마음속에 억누르고 숨겼던 어두운 충동을 광적으로 터뜨리는 행동에서, 거친 비난에서, 범죄와 끔찍한 폭력에서 갑작스럽고 절박하게 드러날까?" 또한 우리 모두 이렇게 생각한다. "어떻게 하면 우리의 영혼을 이 세상으로 불러올 것인가? 어떻게 하면 우리는 영혼을 올바른 길로 인도하고, 우리의 몸짓과 말에 영혼을 담을 수 있을까? 우리는 언제까지 새장에 새를 가둬놓고 군중에 휘둘리고 관성에 복종할 것인가?"

이제 당신은 깨닫는다. "영혼이 방해받지만 않는다면 우리는 괴테의 작품 속 인물들처럼 이야기를 나누고 모든 숨결을 노래로 느낄 것이다. 가련하면서도 영광스러운 영혼이여, 그대가 있는 곳에 혁명이 있고 타락의 종말이 있으며 새로운 삶과 신이 있도다. 영혼은 사랑이고 미래다. 그 외의 다른 모든 것은 사물이고 물질일 뿐이며, 우리의 신성한 힘이 스스로 만들고 부수는 방해물에 불과하다."

이런 생각이 이어진다. "우리는 새로움이 요란하게 선포되고, 인류의 유대가 크게 흔들리고, 엄청난 규모의 폭력이 자행되고, 죽음이 날뛰며 절망이 큰 소리로 울부짖는 시대에 살고 있지 않은가? 그리고 이런 일들의 뒤에도 영혼이 있지 않을까?"

당신의 영혼에 물어보라! 미래를 의미하고 사랑이라 불리는 영혼에 물어보라! 당신의 지성에 묻지 말고 세계사를 되짚어보며 답을 찾지도 말라! 당신의 영혼은 당신이 정치에 너무

무관심했다고, 노력하지 않았다고, 적들을 충분히 미워하지 않았다고, 국경 방어를 너무 소홀히 했다고 해서 당신을 비난하지는 않는다. 하지만 영혼은 당신이 그렇게나 자주 영혼의 요구를 두려워하며 도망쳤던 일을, 시간을 내 당신의 가장 어리고 예쁜 자식인 영혼과 함께 놀아주고 그 노래를 듣지 않았던 것을, 돈에 눈이 멀어 영혼을 팔고 출세를 위해 영혼을 배신했던 일을 꾸짖을 것이다. 수백만 명이 그렇게 살고 있다. 어디를 둘러봐도 사람들은 불안하고 괴롭고 화난 표정을 지은 채 주식 시장이나 요양원 같은 쓸모없는 일에만 시간을 쏟고 있다. 이런 고통스러운 상황은 주의하라는 신호이자 피의 경고나 다름없다. 당신의 영혼은 이렇게 말하고 있는 것이다. "나를 소홀히 하면 전전긍긍하며 삶을 적대적으로 대하게 되고, 완전히 새로운 사랑과 관심으로 나를 돌보지 않으면 그렇게 살다가 결국 파멸에 이른다." 오늘날 병들고 행복을 잃어버린 이들은 나약하거나 쓸모없는 자들이 아니다. 오히려 선한 자들, 미래의 씨앗들이다. 이들은 영혼이 평안함에 이르지 못했고, 소심함 때문에 이 거짓된 세계 질서에 맞서지는 못하지만 동시에 내일이라도 싸움에 뛰어들 수 있는 사람들이다.

  이런 관점에서 보면 유럽은 마치 악몽 속에서 몸부림치며 스스로에게 상처를 입히는 것 같다.

이쯤에서 당신은 세상이 물질주의와 지성주의로 고통받고 있다는 어떤 교수의 발언을 떠올릴 것이다. 맞는 말이긴 하지만 그 교수는 자기 자신을 살릴 수 없고 당신을 구해줄 수도 없다. 그의 지성은 자멸에 이를 때까지 논변만 계속할 뿐이다. 그는 결국 파멸할 것이다.

세상이 어떻게 흘러가든 언제나 자신 안에서만, 가련하고 학대받고 유연한 불멸의 영혼 안에서만 의사와 조력자, 미래와 새로운 동력을 찾을 수 있다. 영혼에는 지식도 판단도 계획도 없다. 추동력과 감정 그리고 미래만 있을 뿐이다. 많은 위대한 성인과 설교자, 고난을 감내한 자와 영웅, 위대한 장군과 정복자, 위대한 마술사와 예술가, 평범한 삶으로 시작해서 거룩한 경지에 다다른 모든 이가 영혼의 길을 따랐다. 백만장자는 다른 길을 따르는데, 그 길의 끝은 요양원이다.

개미도 전쟁을 벌이고 꿀벌도 사회를 이루며 쥐도 재물을 모은다. 하지만 당신의 영혼은 다른 길을 찾아야 한다. 영혼을 푸대접하고 희생시킨 대가로 성공을 거머쥔다면 행복은 꽃피지 않는다. 왜냐하면 '행복'은 지성, 배, 머리, 지갑이 아니라 오직 영혼으로만 느낄 수 있는 것이기 때문이다.

그런데 이에 대해 오랫동안 숙고하고 의논하다 보면 결국 오래전부터 이 문제를 명확하게 정리하고 밝혀준 잠언을 떠올리게 된다. 고대부터 전해지는 이 말은 시대를 초월해 항상 새롭게 다가오는 몇 안 되는 문장 중 하나다. "온 세상을 얻고 영혼을 잃으면 무슨 소용이 있으리오?"*

개미도 전쟁을 벌이고 꿀벌도 사회를 이루며

쥐도 재물을 모은다.

하지만 당신의 영혼은 다른 길을 찾아야 한다.

젊은 시인에게 보내는 편지

(1910년)

따뜻한 편지와 함께 시와 소설 작품들을 보내주어 감사합니다. 귀하의 편지는 어떤 기대를 담고 있었지만 유감스럽게도 내가 그 기대를 꺾게 되어 안타까울 따름입니다. 내가 눈병을 앓지 않고 매일 엄청난 양의 편지에 시달리지 않았더라도 귀하에게는 실망스러운 말을 전할 수밖에 없었을 것입니다. 귀하가 내게 바라는 것을 내가 줄 수 없기 때문입니다.

귀하께서는 습작 몇 편을 보여주면서 그것들을 읽은 뒤 귀하의 시적 재능에 대해 어떻게 생각하는지 말해달라고 부탁했습니다. 엄격한 판단과 솔직한 의견을 구했으니 듣기 좋은 말은 귀하에게 도움이 되지 않을 것입니다. 귀하의 질문을 간단히 정리하면 이렇습니다. "나는 시인인가? 나는 시를 발표하고 글쓰기를 직업으로 삼을 수 있을 만큼 재능이 있는가?"

내가 이 간단한 질문에 간단히 답변할 수 있다면 더할 나위 없겠으나 그럴 수는 없습니다. 개인적으로 잘 알지 못하는 초심자의 습작만 보고 시인으로서의 지속적인 자질을 판단하는 일은 전적으로 불가능하다고 생각합니다. 물론 귀하에게 재능이 있는지는 이미 짐작할 수 있지만 재능은 드문 것이 아닙니다. 이 세상에는 재능 있는 사람들이 넘쳐나며, 귀하와 나이나 교양 수준이 비슷한 청년이 어느 정도 괜찮은 시나 수필을 쓰지 못한다면 그게 오히려 비정상적인 재능 부족일 것입니다. 더 나아가 나는 귀하의 작품들을 통해 귀하가 니체나 보들레르를 읽었는지, 현대 시인 누구누구의 영향을 받았는지, 예술과 자연에 대한 취향을 갖추었는지까지 알 수 있습니다. 그러나 이것들은 시적 재능과 전혀 관련이 없습니다. 가장 좋은 경우라면 (이는 귀하의 시들을 매우 호의적으로 말하는 것일 테지만) 귀하가 경험한 흔적들을 찾아내어 귀하의 성격을 그려볼 수도 있겠습니다. 그러나 그 이상은 불가능하며, 귀하의 초기 습작만 보고 문학적 재능이나 시인으로서의 진로에 대한 전망을 평가해주겠다고 약속하는 자는 아주 얄팍한 인물이거나 사기꾼일 것입니다.

잘 알겠지만 《파우스트》를 읽고 나면 단번에 괴테가 위대한 시인임을 알 수 있습니다. 하지만 괴테의 초기 작품과 일부 후기 작품까지 한데 묶어 얇은 시 모음집을 만든다면, 그것만 읽은 사람은 괴테라는 젊은 작가가 겔레르트* 같은 본보기가 되는 작가들의 작품을 탐독했고 운율을 맞추는 재주가 있다는 것 외에는 어떤 결론도 도출할 수 없을 것입니다. 이처럼 위대한 시인들조차도 초기 습작부터 독창적이고 마음에 와닿는 필체를 드러내지는 않습니다. 청년 시절의 실러*가 쓴 여러 편의 시에서는 놀라울 정도로 엉뚱한 실수가 발견되기도 하고, C. F. 마이어*의 초기 작품을 보면 가끔은 완전히 재능이 없는 것처럼 느껴지기도 합니다.

그러니 젊은이의 재능을 평가하는 일은 귀하의 생각만큼 간단하지 않습니다. 내가 귀하를 제대로 알지 못하기에 귀하가 발달 과정의 어느 단계에 있는지도 알 수 없습니다. 귀하는 자신의 시에서 미숙했던 부분을 6개월 뒤에 발견하고는 스스로를 비웃을 수도 있습니다. 어쩌면 유리한 환경 덕분에 지금은 귀하 안에 깃든 어떤 재능이 꽃을 피웠으나 그 재능이 더 이상 발전하지 못할 수도 있습니다. 귀하가 내게 보낸 시들이 평생 최고의 작품일 수도 있고 최악의 작품일 수도 있습니다. 어떤 재능은 20대 초반에 절정에 이르렀다가 빠르게 시드는가 하면, 어떤 재능은 서른 살이 지나서야 비로소 나타나기도 합니다.

따라서 앞으로 5년 또는 10년 뒤에 귀하가 시인이 될 수 있을지 여부는 오늘 쓰는 시에 달려 있지 않습니다.

그러나 이 문제에는 우리가 생각해봐야 할 또 다른 측면이 있습니다.

도대체 왜 시인이 되고 싶습니까? 만약 야망이나 명예욕 때문이라면 귀하는 매우 잘못된 분야를 선택했습니다. 오늘날의 독일인은 시인에게 별로 관심을 주지 않으며 시인 없이도 잘 살아갑니다. 돈을 버는 문제도 마찬가지입니다. 만약 귀하가 독일에서 가장 유명한 시인이 된다고 하더라도 (극장은 예외로 치고) 양말 공장이나 바늘 공장의 중역이나 관리자와 비교하면 거지나 다름없을 겁니다.

하지만 어쩌면 귀하께서 시인이 되고자 하는 이상을 마음속에 키워온 이유가 시인을 독창적이고 마음이 순수하며 감수성이 풍부하고 경건한 사람, 섬세한 감각과 정세된 감성을 갖고 사는 사람, 경외심을 느낄 줄 알고 영혼이 깃든 고귀한 삶을 갈망하는 사람으로 이해했기 때문일지도 모릅니다. 어쩌면 시인을 돈에만 매달리는 사람이나 권력을 휘두르는 사람과 정반대의 존재로 보는지도 모르겠습니다. 귀하께서 시인의 길을 좇는 이유가 시구나 명성 때문이 아니라, 시인이라는 존재가 언뜻 자유와 고립을 누리는 것처럼 보여도 실제로는 고고한 책임을 지는 존재, 시인이라는 소명이 가면극에 지나지 않도록 스스로를 갈고 닦는 존재임을 어렴풋이 느꼈기 때문일지도 모릅니다.

만약 그렇다면 귀하는 자신의 시를 통해 올바른 길을 가고 있는 것입니다. 하지만 이때에도 시간이 지나 시인이 되는지 아닌지는 중요하지 않습니다. 왜냐하면 귀하가 시인에게 부여하는 고귀한 자질, 과업, 목표, 곧 자기 자신에 대한 충실함, 자연에 대한 경외심, 남다른 헌신, 결코 스스로에게 만족하지 않고 훌륭한 문장과 잘 다듬어진 구절을 얻기 위해 기꺼이 밤을 지새우는 책임감 같은 모든 덕목이 (우리가 그것들을 덕목이라고 부를 수 있다면) 진정한 시인에게만 있는 특징이 아니기 때문입니다. 어떤 직업에서든 이런 덕목들은 노예가 되지 않고 기계화되지 않은 진정한 인간 그 자체의 특징입니다.

만약 귀하가 이러한 인간에 대한 이상을 갖고 있다면, 허세와 명성, 돈과 권력을 향한 욕망에 휩싸이지 않고 세속에 흔들리지 않으며 자기 자신에 바탕을 둔 삶을 추구한다면, 귀하는 아직 시인이 아닐지라도 시인의 형제이자 그와 같은 종류의 사람입니다. 또한 그렇다면 귀하가 시를 쓴다는 사실에도 깊은 의미가 있습니다.

시를 쓴다는 것, 특히 청년 시절에 시를 쓴다는 것은 단지 아름다운 예술 작품을 세상에 내놓으며 사람들에게 즐거움이나 교훈을 준다는 사회적 기능만을 의미하지 않습니다. 시를 쓰는 일은 그 과정에서 만들어지는 시의 가치나 성공 여부와는 완전히 별개로, 시인 자신에게 대체할 수 없는 가치가 있습니다. 과거에는 시 쓰기가 젊은이의 인격 형성 과정의 자연스러운 일부로 여겨졌습니다. 단순히 언어를 연습하는 것에 그치지 않고 자기 자신을 더 깊고 정확하게 이해하는 것, 평범한 사람들보다 더 높은 수준으로 개인의 발전을 도모하는 것, 고유하고 지극히 개인적인 영적 체험을 기록함으로써 자신의 가능성과 위험을 더 잘 파악하고 해석하는 것. 이것이 바로 젊은 시인에게 시 쓰기가 갖는 근본적인 의미이며, 자신의 시가 세상에서 어떤 가치가 있는가를 묻기에 앞서 살펴야 하는 것입니다.

오늘날 '인격'이라는 단어는 괴테의 시대처럼 무조건적인 이상으로 여겨지지는 않습니다. 부르주아와 프롤레타리아 모두 고유한 인격 자체를 목표로 삼는 관점을 거부하고 있고, 이제는 뛰어난 개인이 아니라 평범하고 건강하며 근면한 평균적인 인간을 육성하려고만 하기 때문입니다. 이런 흐름 덕분에 공장은 번영하고 있습니다. 하지만 독일의 예만 보더라도 바로 알 수 있듯이 고결한 정신을 가진 개인만이 발휘할 수 있는 에너지, 책임감, 내면의 순수성이 부족해지면 사회의 필수 기능이 순식간에 훼손되고 치명적인 위기에 빠질 수 있습니다. 끔찍할 정도로 퇴보한 정치 체제와 정당 활동, 의회주의가 이를 여실히 보여줍니다. 게다가 평균보다 약간 더 유능한 사람조차 도저히 견디지 못하게 만든 바로 그 정당들이 또다시 '강력한 지도자'를 외치고 있습니다.

동료들이 귀하의 시 쓰기를 조롱하더라도 개의치 마십시오. 시는 귀하가 조금 더 성숙해지고, 평균적인 대중이 도달하는 것보다 더 높은 단계의 인간성에 이르는 데 도움이 될 것입니다. 어쩌면 시간이 흘러 더는 자신에게 시가 없어도 되겠다고 스스로 깨달을지도 모릅니다. 그것은 평범한 이상과 타협해서가 아니라 귀하가 소명감을 느끼는 더 고귀하고 더 가치 있고 더 깊은 영감이 깃든 삶을 다른 영역에서 이루고자 하기 때문일 것입니다.

욕망에 휩싸이지 않고 세속에 흔들리지 않으며

자기 자신에 바탕을 둔 삶을 추구한다면,

귀하는 아직 시인이 아닐지라도

시인의 형제이자 그와 같은 종류의 사람입니다.

시인

오직 나에게만, 고독한 이에게만
밤하늘의 끝없는 별들이 빛나고
돌로 만든 분수가 마법의 노래를 속삭이네
나에게만, 고독한 나에게만
떠도는 구름의 다채로운 그림자가
드넓은 들판 위로 꿈처럼 흘러간다
집도 없고 농지도 없고
숲도, 사냥도, 생업도 내게는 없으니
누구의 것도 아닌 것만이 나의 것
숲의 장막 너머로 흐르는 시냇물도
매서운 바다도 내 것이오
놀고 있는 아이들의 지저귐도
저녁 무렵 홀로 사랑에 빠진 이의 눈물 섞인 노래도
신들의 사원 또한 내 것이오
과거 귀족들의 과수원도 내 것이다
그리고 그에 못지않게 미래의

빛나는 하늘은 나의 고향이 되나니

때로 내 영혼은 갈망의 날개를 펴고 날아올라

성스러운 인류의 미래를 내려다보고

법을 초월한 사랑, 민족에서 민족으로 퍼지는 사랑을 본다

나는 고귀하게 변모한 그들 모두를 다시 만나니

농부, 국왕, 상인, 분주한 뱃사람

목동과 정원사 모두가

감사히 미래 세계의 축제를 기념한다

오직 시인만이 거기 없으니

고독하게 바라보는 그 사람

인간의 그리움을 짊어지고 창백한 모습을 한 그 사람

미래가, 완성된 세계가 더 이상

필요로 하지 않는 그 사람. 많은 화환이

그의 무덤 위에서 시들어가지만

그를 기억하는 이 아무도 없구나

환상

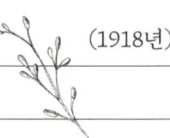 (1918년)

'생각의 흐름'이라고 불리지만 사실 혼돈 속에서 관념, 이미지, 환상이 솟구치는 것에 가까운 과정을 관찰해보면 때때로 흥미롭고 유익하다. 사람들은 하루 종일 (그리고 밤새도록) '생각'을 하지만 많은 경우 우리의 관념은 의식으로 들어오지 못한 채 그 문턱에서 조용히 스러진다. 정신분석학에서는 이를 의식의 '검열자' 탓으로 돌린다.

어제 아침, 정원에서 잡초를 뽑으며 아침 우편배달 때문에 정원 가꾸기가 방해받지 않기를 의식적으로 바라는 동안에도 내 마음속에서 '생각의 흐름'이 이어졌다. 물론 더 깊은 무의식적 차원에서는 우편배달이 옴으로써 새로운 과제와 새로운 자극을 직면하게 되기를 진정으로 원하고 있었다.

지금 돌아보면 나의 '생각'은 모든 예술적 재능과 성취를 일종의 병으로 설명하던 과학 평론을 곱씹으면서 시작되었고 이 때문에 나는 전날 저녁 아내와 나눴던 대화를 떠올렸다.

이어서 만약 천재성이 광기라면, 만약 시인이나 화가, 작곡가의 모든 노력이 인격, 삶, 성격의 결핍을 다른 더 영적인 차원에서 보상하려는 절박한 시도에 불과하다면 '정상적인' 인간, 곧 그런 강박에서 자유로운 사람은 필연적으로 재능이 없는 사람일 것이라는 생각이 들었다. 그렇다. 정상적인 인간이라면 살아 움직인다는 평범한 재주와 가능한 한 오래 살아남을 수 있는 능력 외에는 어떠한 '재능'도 없고 또 있어서도 안 된다. 잠깐이지만 나는 이런 관점에 모욕감을 느낄 정상적인 사람들을 약간은 악의적으로 비꼬듯이 이렇게 생각했었다. 하지만 이런 생각은 금세 시들고 사라질 혼자만의 작은 농담일 뿐임을, 그럼에도 '정상적인 인간은 재능 없는 인간이다'라는 조롱 섞인 말 뒤에 매우 진지하고 의미심장한 생각이 숨어 있음을 이내 깨달았다.

평생 나의 세계는 악의와 은밀한 두려움을 떨쳐내지 못한 채 평범한 사람을 희생시키면서까지 자신의 부류, 자신의 존재, 자신의 재능, 자신의 영적 필요를 옹호하는 시인의 세계, 곧 상상력이 넘치는 사람들의 세계였다. 하지만 그 모든 것의 이면에는 질투와 걱정도 있었다. 나 역시 '정상적인' 인간이 되고 싶다고 간절히 바랐던 시간과 날들이 숱하게 많았다. 이런 생각에 이르자 나의 편파적인 태도도 뒤집혔다. 이제 나는 정상적인 인간이 옳다고 여겼고 '재능 있는' 개인을 비판적으로, 적대적으로까지 바라보게 되었다.

최근 다양한 종류의 책을 읽으며 '정신의 정치화'라는 개념을 자주 만났는데 나는 이를 몹시 혐오스럽게 여겼다. 그런데 이제는 이 개념에 마음이 끌리기 시작했다. 나는 예전처럼 평범한 사람을 의심의 눈초리로 바라보는 대신 '상상력이 넘치는 사람'을 나만의 현미경으로 세밀하게 들여다보기 시작했고 그 출발점으로 정신의 정치화라는 문제를 선택했다. 그러자 아주 최근의 선언문과 기사들이 떠올랐다. 그렇다. 이들 '지식인'도 정치화가 필요했던 것이다!

시인이 스스로를 '지식인'이라고 부르고 있었다니! 자기 자신과 자신의 과업을 이보다 더 완벽하게 또는 이보다 더 어리석게 곡해할 수 있을까? 딱 하나 제대로 된 일은 '지식인'이 전쟁과 세상의 비참함에 대해 어느 정도 죄책감을 느꼈다는 것이다. 확실히 이 권위적인 '지식인'은 그 문제에 깊이, 본질적으로 연루되어 있었다. 그들은 이미 오래전에 시인이기를 그만두고 언론인이나 사업가, 궤변가가 되었다. 그리고 이제 그들은 '시인의 정치화'를 요구하고 나섰다! 마치 자신들의 죄가 지금까지 충분히 정치적이지 못했던 것인 양, 시민과 법과 시장이라는 '현실'에 너무 소홀했던 것인 양 말이다! 이럴 수가, 그들의 세계이자 은신처가 바로 이 음울한 현실이었다니. 그들은 시인이 세상에 나와 해야 할 일, 곧 현실을 초월하는 영원한 세계를 향해 신성한 의무를 다하기를 멈춘 지 오래다. 그래서 이 사람들은 공개석상에서 절대로 자신을 시인이라고 하지 않고 '지식인'이라고 소개했는데 이는 사랑에 빠진 이가 자신을 '마음이라는 주식의 주주'라고 묘사하는 것과 같은 식이었다. 바로 그 때문에 이제 모든 게 어긋나버렸다. 자신들의 열차가 완전히 탈선하자 그들은 정치적으로 변해야겠다는 생각을 떠올렸다. 만약 충분히 많은 수가 모여 거대한 협회를 결성하고 의회에서 대의권을 확보하고 '정신'을 산업과 농업처럼 하나의 정치적 기득권으로 확립할 수 있다면 많은 걸 얻으리라 생각한 것이다.

이렇게 어느 정도 악감정과 불쾌한 기분을 쏟아낸 뒤에 나는 시인과 그 재능에 대해 다시 생각해봤다. 시인은 왜 존재하는가? 자연은 그들에게 무엇을 요구했는가? 결국 건강하고 정상적인 사람은 사실상 재능 없는 사람이었는데 왜 시인들이 가치를 인정받았을까?

물고기, 새, 원숭이에서 출발해 오늘날 전쟁을 일으키는 동물에 이르는 여정에서, 우리가 마침내 인간과 신이 되기를 바라는 그 머나먼 여정에서, 각 단계를 하나씩 헤치고 앞으로 나아간 것은 '정상적인' 존재였을 리 없다. 정상적인 존재는 보수적이며 건강하고 전통적인 것에만 집착했다. 정상적인 도마뱀은 날아보려는 시도조차 하지 않았을 것이다. 정상적인 원숭이라면 나무에서 내려와 땅 위에 똑바로 서서 두 발로 걸을 생각을 하지 않았을 것이다. 그것을 처음으로 생각하고 시도하고 꿈꿨던 존재는 원숭이 무리 중에서도 공상가이자 괴짜였고, 시인이자 혁신가였으며, 결코 정상적인 원숭이는 아니었을 것이다. 정상적인 존재는 기존에 정립된 생활 방식을 유지하고 수호하며, 자기 종족과 종을 강화하여 생존에 필요한 버팀목자원을 확보하는 역할을 했다. 반면 공상가는 과감하게 도약을 시도하고 누구도 생각지 못했던 것을 꿈꾸는 존재였는데, 그 덕분에 언젠가 물고기에서 육상동물이, 원숭이에서 초기 인류가 나타날 수 있었을 것이다.

따라서 '정상적'이라는 것도 사실 이상적인 것이 아니라 단지 하나의 기능, 곧 보수적이고 종을 유지하는 기능을 의미할 뿐이었다. 반면 '재능 있다'라거나 '공상적'이라는 것은 삶의 문제를 놀이처럼 다루며 시험해보는 기능을 가리켰다. 이런 사람들은 파멸하거나 미치거나 자살에 이르기도 했다. 하지만 어떤 상황에서는 날개를 발명하거나 신을 창조하기도 했다. 요컨대 정상적인 존재는 자기 종을 지금 모습 그대로 유지하는 역할에 주력했던 반면 '공상가'는 인류가 가진 정반대의 자산인 인류의 이상 또한 보존하여 사라지지 않도록 하는 임무를 수행했다. 인류의 삶은 이런 양극, 곧 이미 성취한 것을 확고하게 붙드는 쪽과 더 멀리 나아가기 위해 성취한 것을 과감히 버리는 쪽 사이를 오가며 움직였다! 그게 전부다. 그리고 시인의 역할은 이상의 편에 서서 이상을 창조하고 통찰력을 발휘하고 꿈을 꾸는 것이었다.

바로 이 때문에 사업, 정당, 선거, 외환, 명예로운 직함, 훈장, 일상 등이 그토록 중요한 세계는 시인에게 도저히 믿기지 않는 '현실'인 것이다. 그리고 만약 시인이 정치적이라면 그 사람은 앞을 내다보는 꿈을 꾸고 이상에 헌신하라는 전 인류적 의무를 외면한 채 현실적인 사람들의 영역에 끼어드는 셈이다. 현실적인 사람은 선거 개혁 등을 통해 진보를 이룬다고 생각하지만, 실제로는 공상가의 사상보다 수 세기 뒤처져 있어 기껏해야 선대의 직관과 사상 중 지엽적인 내용 일부만을 조금이나마 실현해보려고 애쓰는 사람들이다. 따라서 영구적인 평화를 위해 노력하는 정치가는 결국 오래된 꿈을 실현하려고 애쓰는 수천 마리 개미 중 하나일 뿐이다. 하지만 그 꿈을 창조한 것은 수천 년 전에 "살인하지 말라!"라는 위대한 말을 처음으로 꿈꿨던 정신이다. 이 생각은 이전 수백만 년의 지구 역사상 단 한 번도 존재하지 않았었지만 이후로는 인류에게 효모처럼 작용해왔으며, 인류가 직립보행을 하게 되고 피부가 매끄러워진 것처럼 언젠가 그것이 실현될 때까지 계속해서 작용할 것이다.

여기까지는 생각의 흐름이 마치 분수에서 솟아오르는 공기 방울처럼, 무의식의 놀이에서 매끄럽고 수월하게 흘러나왔다. 그런데 갑자기 작은 틈이 생기면서 연결 고리가 빠져버렸고 나는 불안해졌다. 방금 떠올렸던 일련의 관념이 내 뒤로 허무하게 흩날리며 멀어지는 모습을 손 놓고 지켜볼 수밖에 없었다. 나는 불쾌한 느낌, 불쾌한 생각에 휩싸였다. '왜 이런 것들을 생각했지? 이것들은 생각이 아니라 어떤 동기가 숨어 있는 가면과 위장일 뿐이야!' 전날 저녁에 아내와 대화를 나눈 뒤 날카로운 화살촉이 내 안에 박힌 듯했고 나는 시인의 시선으로 나 자신에게 정당성을 부여해야 한다고 느꼈다. 왜냐하면 어제 우리가 바로 그 주제, 다시 말해 거의 모든 예술가가 자기 작품에 담는 고귀하고 찬란하고 이상적인 가치들을 정작 자기 삶 속에서는 거의 실현하지 못한다는 사실이 얼마나 이상하고 섬뜩한지에 관해 이야기했기 때문이다. 그 화살이 나에게 꽂힌 것이다. 그 화살을 뽑아내기 위해 여기에는 그중 100분의 1도 기록하지 않은 수백 가지 사고의 우회로를 좇다 보니, 생생한 환상 속에서 원숭이와 도마뱀까지 거슬러갔던 것이다.

이제 내 생각의 흐름 속 은밀한 이기심의 근원을 찾아내 그 화살촉을 제거했기에 나는 미소를 지으며 부담 없이 조금 더 꿈을 이어갈 수 있었다.

나는 이상적인 인간이 대략 이런 모습일 것이라고 그려왔다. 그는 '정상적인' 인간으로, 평소에 억눌린 욕망을 영적 영역으로 승화시키지 않고도 내면에서 안정과 행복을 얻는다. 그는 미덕을 향한 욕구에 얽매이거나 예술 작품으로 약점을 덮으려는 강박에 쫓기지 않는다. 그렇지만 자신이 원할 때는 이런 욕구를 내면에 불러일으킬 줄 안다. 마치 변화를 주기 위해 머리를 다른 방향으로 빗어보듯이 가끔은 괜스레 놀이처럼 특별한 재능과 특별한 욕구를 발전시킬 줄 안다. 또한 꿈꾸는 듯한 황홀경, 창조의 고뇌, 탄생의 두려움과 환희는 알지만 그 저주는 알지 못한다. 왜냐하면 매번 그런 유희에 만족하고 돌아와, 마치 물건을 선반 위에 올려놓듯 단순한 의지적 행위만으로 자기 안의 갈망을 쉽게 내려놓을 수 있고, 그럼으로써 새롭고 다른 형태의 평정심을 얻기 때문이다. 이 이상적인 인간은 때로는 시를 쓰고 때로는 곡을 만들며 때로는 내면에서 원시적 기억을 끄집어낸다. 그리고 때로는 미래의 변화와 희망에 대한 직관을 끌어내어, 노련한 운동선수가 근육을 따로따로 움직이며 즐기고 시험해보듯이 이런 것들을 마음껏 움직여본다. 그에게 생기는 이 모든 일은 강박이나 결핍에서 비롯되지 않고 매우 건강하고 선량한 아이에게 일어나듯 자연스럽다. 무엇보다 우리 같은 하잘것없는 이들이 매번 이상이 새롭게 요구하는 변화마다 피 흘리며 격렬하게 저항하는 것과 달리, 이 이상적인 인간은 자신과 이상과 운명 사이에서 완벽한 조화를 이룬다. 그는 쉽게 변화하고 쉽게 죽는다.

여기서 나는 다시 불편한 상황에 놓였다. 나 자신은 기꺼이 변하지 않았고 쉽게 죽으려 하지도 않았다. 모든 죽음이 또한 탄생임을 나는 아주 잘, 확실하게 알고 있었지만 그것을 나의 존재 전체로 온전히 알지는 못했다. 내 안의 섬유질 덩어리가 그것에 저항했고 내 일부는 죽음을 믿었으며 일부는 나약함이자 두려움 그 자체였다. 나는 그것을 떠올리고 싶지 않았다. 그래서 집배원이 초인종을 누르자마자 나는 기뻐하며 그를 맞이하러 서둘러 달려나갔다.

시인의 역할은 이상의 편에 서서

이상을 창조하며 통찰력을 발휘하고 꿈을 꾸는 것이었다.

온갖 죽음

온갖 죽음을 나는 이미 겪어보았고
온갖 죽음을 나는 다시 맞으리라
나무에서는 수목(樹木)의 죽음을 맞고
산에서는 돌의 죽음을 맞으며
모래에서는 흙의 죽음을
바스락거리는 여름 풀밭에서는 풀잎의 죽음을
그리고 피로 물든 가련한 인간의 죽음까지도

꽃으로 나는 다시 태어나리
나무와 풀로 나는 다시 태어나리
물고기와 사슴, 새와 나비로
하지만 어떤 형상이 되든
그리움은 나를 거기에서 끄집어내어
마지막 고뇌의 단계로
인간의 고뇌로 끌어당기리라

오, 팽팽하게 떨리는 활이여
거칠게 날뛰는 그리움의 주먹이
삶의 양극을 구부려
서로를 향하게 하는 그때!
너는 몇 번이고 몇 번이고
나를 죽음에서 탄생으로 내몰 테지
창조라는 고통스러운 길로
창조라는 영광스러운 길로

책 읽기에 대하여

 (1920년)

우리에게는 마음속으로 유형을 정하고 그에 따라 사람을 분류하려는 선천적인 경향이 있다. 이러한 유형화의 욕구는 테오프라스토스*의 《성격론》과 우리 선조들이 믿었던 4기질론*, 현대의 심리학에 이르기까지 일관되게 이어졌다. 또한 누구나 어린 시절 자신에게 중요했던 인물들과의 유사성을 기준으로 주변 사람을 여러 유형으로 나눈다. 이러한 분류가 순전히 개인적인 경험에서 비롯되었든 과학적으로 규명하려는 시도에서 비롯되었든 유익하고 의미 있는 일이기는 하겠지만, 때로는 경험의 단면을 다른 방식으로 살펴보는 것도 바람직하고 생산적이다. 그럼으로써 누구나 내면에 모든 유형의 흔적을 지니고 있으며 한 사람 안에서도 다양한 성격과 기질이 번갈아

나타남을 알게 되기 때문이다.

  내가 다음과 같이 독자의 세 가지 유형, 더 정확히 말해 세 가지 단계를 제시한다고 해서 독자의 세계가 이 세 집단으로만 이뤄져 있다거나, 어떤 독자는 이런 부류에 속하고 또 어떤 독자는 저런 부류에 속한다는 의미는 아니다. 오히려 우리 각자는 때에 따라 어느 한 부류에 속하기도 하고 다른 부류에 속하기도 한다.

  가장 먼저 순진한 독자를 살펴보자. 누구나 때로는 순진하게 책을 읽는다. 이런 독자들은 배부를 때까지 먹고 마시듯 책을 그저 있는 그대로 받아들인다. 아메리카 원주민의 이야기를 읽는 소년이든 백작 부인에 관한 소설을 읽는 하녀든 쇼펜하우어를 읽는 학생이든 마찬가지다. 이런 독자가 책과 맺는 관계는 개인 대 개인의 관계가 아니라 말과 여물통의 관계 또는 말과 마부의 관계와 같아서 책이 이끄는 대로 독자가 그저 따라가는 식이다. 이들은 책의 내용을 객관적인 것으로 받아들이고 현실로 인정한다. 그러나 책의 내용만 중요한 것은 아니다! 매우 수준 높은 교육을 받은 세련된 독자, 특히 순수 문학 애호가조차 순진한 독자에 속하는 경우가 많다. 물론 이들은 이야기의 내용 자체에 집중하지는 않는다. 예를 들어 이야기에 등장하는 살인 사건이나 결혼 횟수로 소설을 평가하지는 않는 것이다. 하지만 이들은 작가와 작품의 미학을 온전히 객관적으로 받아들이며 작가의 고양된 감정을 함께 즐기고 작가의 세계관에 공감하며 작가가 자신의 창작에 부여한 해석을 아무런 비판 없이 수용한다. 단순한 이들이 이야기의 소재나 배경, 사건에 관심을 가지듯 이 세련된 독자들은 작가의 예술성과 언어, 교양과 지성에 관심을 보인다. 그들은 이런 요소들을 한 작품의 객관적이고 궁극적인 가치로 받아들인다. 마치 카를 마이*의 작품을 접한 독자가 올드 섀터핸드의 모험을 실제 사건인 양 받아들이는 것과 같다.

책과의 관계에서 이 순진한 독자는 진정한 의미의 개인이 아니며 주체적이지도 않다. 이들은 소설 속 사건을 긴장감, 위험성, 에로틱한 요소, 화려함이나 비참함에 따라 평가하거나 지극히 자의적인 미학적 기준으로 작가를 평가한다. 이런 부류의 독자는 책이란 그저 충실하고 주의 깊게 읽히기 위해 존재하며, 그 내용이나 형식에 따라 판단해야 한다고 가정한다. 빵은 먹기 위해, 침대는 그 위에 누워 자기 위해 존재하는 것처럼 말이다.

그러나 세상 모든 것이 그러하듯 책도 완전히 다른 태도로 대할 수 있다. 만약 교육이 아니라 본성에 따라 행동한다면 인간은 다시 아이가 되어 사물을 갖고 놀기 시작할 것이다. 빵은 터널을 뚫은 산이 되고 침대는 동굴, 정원, 눈밭이 된다. 이러한 천진난만함, 천재적인 유희본능을 잘 보여주는 경우가 바로 두 번째 유형의 독자다. 이들에게 가장 중요한 것은 책의 내용이나 형식이 아니다. 이런 독자들은 아이들이 잘 알듯이 하나의 대상이 마음속에서 열 가지, 백 가지 다른 의미가 될 수 있음을 안다. 이들은 시인이나 철학자가 사물에 대한 해석과 평가를 자기 자신과 독자에게 설득하려 애쓰는 모습을 지켜보면서, 겉으로는 선택과 자유를 주장하는 그 시인에게서 오히려 불가피성과 수동성을 발견하고 미소 지을 줄 안다. 이 독자는 상당히 높은 수준에 도달해 문학 교수나 문학 평론가가 알지 못하는 사실, 곧 소재와 형식의 자유로운 선택이란 허상임을 잘 알고 있다. 문학사가가 "어떤어떤 해에 실러는 이 주제를 선택하고 이를 약강오보격(弱強五步格)˚으로 다루기로 했다"라고 말하더라도 이런 유형의 독자는 시인이 주제나 형식 중 무엇도 마음대로 선택할 수 없었다는 사실을 알고 있으며, 시인이 소재를 마음대로 다루는 게 아니라 오히려 소재에 휘둘리는 모습을 보며 즐거워한다. 이런 관점에서는 '미학적 가치'라는 것이 사라지고, 오히려 작가가 겪는 곤란함이나 불확실성에 더 큰 매력과 가치를 느낀다. 이런 독자는 마부를 따르는 말이 아니라 사냥감을 뒤쫓는 사냥꾼처럼 시인을 추적한다. 그러다가 언뜻 시인의 자유로운 선택처럼 보이던 모습 너머로 시인을 지배하는 불가피성과 수동성을 포착하고 그 순간에 뛰어난 기교나 세련되고 우아한 문체보다 더 큰 매력을 느끼는 것이다.

여기에서 한 단계 더 나아가면 세 번째이자 마지막 유형의 독자를 만나게 된다. 다시 한번 강조하지만 우리는 이들 유형 가운데 어느 하나에만 영구적으로 속하지는 않는다. 누구나 오늘은 두 번째 단계에, 내일은 세 번째 단계에, 모레는 다시 첫 번째 단계에 속할 수 있다. 그러니 이제 세 번째이자 마지막 독자 유형을 살펴보자. 이들은 우리가 흔히 '훌륭한' 독자라고 부르는 부류와 정반대다. 이런 독자는 철저히 개인적이고 너무나 주관적이어서 읽을거리로부터 완전히 자유로운 태도를 보인다. 그는 뭔가를 배우거나 재미를 얻기 위해 책을 읽는 것이 아니라 세상의 다른 모든 대상과 똑같이 책을 이용한다. 그에게 책은 단지 출발점이자 자극일 뿐이다. 무엇을 읽든 이런 독자에게는 본질적으로 매한가지다. 철학자의 글을 읽더라도 뭔가를 배우거나 가르침을 따르거나 비판하기 위함이 아니다. 시인의 작품을 읽는 것도 시인의 세계관을 받아들이기 위해서가 아니다. 이 독자는 자신의 방식으로 세계를 해석한다. 말하자면 그는 어린아이이다. 그는 무엇이든 갖고 논다.

어떻게 보면 이렇게 무엇이든 갖고 노는 일보다 더 생산적이고 보람 있는 일이 없다. 이런 독자는 책 속에서 아름다운 문장이나 진리와 지혜를 담은 글을 발견하면 그것을 일단 뒤집어본다. 이 독자는 모든 진리에 있어 그 반대 또한 참이라는 사실을 일찍이 알고 있으며 모든 지적 관점에 그에 필적하는 반대 관점이 존재한다는 사실도 안다. 연상적 사고를 소중히 여긴다는 점에서 그는 어린아이와 같지만 다른 사고 방식도 잘 알고 있다. 따라서 이런 독자는, 아니 우리 중 누구라도 이 단계에 도달한 사람이라면 소설이든 문법책이든 열차 시간표든 인쇄소 교정쇄든 자신이 원하는 것은 무엇이라도 읽을 수 있다. 상상력과 연상 능력이 최고조에 달하는 순간, 우리는 종이에 인쇄된 글자를 읽는 것을 넘어 그 글을 통해 다가오는 자극과 영감의 물결 속을 헤엄치게 된다. 그런 자극과 영감은 텍스트 자체에서 나올 수도 있고 그저 활자체에서 튀어나올 수도 있다. 신문 속 광고 한 줄이 하나의 계시가 될 수도 있다. 어쩌면 엉뚱한 단어 하나를 뒤집어보고 퍼즐 맞추듯 철자를 갖고 놀던 중에 더없이 황홀하고 긍정적인 생각이 떠오를 수도 있다. 이 단계에서는 동화 〈빨간 모자〉를 우주생성론이나 어떤 철학이나 화려한 관능 시로도 읽을 수 있다. 어쩌면 시가 상자에 적힌 '콜로라도 마두로'라는 문구를 읽고 그 단어와 철자, 소리를 갖고 놀면서 수백 가지 지식과 기억, 사유의 영역을 넘나들 수도 있다.

누군가는 이렇게 반론할 것이다. "과연 그것을 독서라고 할 수 있는가?" "괴테의 책을 펼쳐놓고 괴테의 의도나 의미에는 관심조차 두지 않고 그저 광고나 뒤죽박죽 섞여 있는 철자 묶음처럼 읽는 사람을 독자라 할 수 있을까?" "당신이 말하는 세 번째이자 마지막 단계의 독서가 오히려 가장 저급하고 가장 유치하며 가장 미개한 방식이 아닌가?" "그런 독자에게 휠덜린*의 운율, 레나우의 열정, 스탕달의 의지, 셰익스피어의 식견이 다 무슨 소용이 있겠는가?"

맞는 말이다. 사실 세 번째 단계에 이른 독자는 더 이상 독자가 아니다. 영원히 이 단계에만 머무는 사람이라면 이내 아무것도 읽지 않게 될 것이다. 왜냐하면 양탄자의 문양이나 벽을 이루는 돌들의 배열도 그에게는 질서정연하게 정리된 글자로 가득한 아름다운 지면만큼 소중할 것이기 때문이다. 그에게 한 권의 책이란 알파벳 철자가 적힌 종이 쪼가리에 지나지 않는다.

이렇듯 마지막 단계의 독자는 더 이상 독자가 아니며, 괴테에 아무런 관심도 없고 셰익스피어를 읽지도 않는다. 이 단계의 독자는 아예 아무것도 읽지 않는다. 이미 온 세상이 자기 안에 존재하는데 무엇 때문에 책을 읽겠는가?

  이 단계에 영원히 머물러 있는 사람은 더 이상 책을 읽지 않게 되겠지만 아무도 그럴 수는 없다. 그렇지만 이 단계를 전혀 경험하지 못한 사람은 불쌍하고 미성숙한 독자다. 그런 사람은 세상의 모든 시와 철학이 자기 안에도 존재한다는 사실을 모르며, 가장 위대한 시인 못지않은 창조적 원천이 우리 각자의 존재 안에 있다는 사실도 모르기 때문이다. 단 한 번이라도, 당신의 인생에서 1시간 또는 하루만이라도 '더는 읽지 않는' 이 세 번째 단계에 도전해보라. (금세 원래의 상태로 돌아가겠지만) 이후에는 훨씬 더 나은 독자, 훨씬 더 뛰어난 청자가 되어 모든 글을 훨씬 더 잘 해석하게 될 것이다. 길가의 돌멩이 하나조차 괴테나 톨스토이만큼 소중하게 여기게 되는 단계를 한 번이라도 경험한다면 이후에 당신은 괴테와 톨스토이와 모든 시인에게서 이전보다 훨씬 더 깊은 가치를, 더 많은 수액과 꿀을, 삶과 자기 자신에 대한 더 큰 확신을 얻게 될 것이다. 괴테의 작품은 괴테가 아니고 도스토옙스키의 저서는 도스토옙스키 그 자신이 아니다. 자신이 중심이 되어 다양한 목소리로 이뤄진 여러 세계를 불러오는 하나의 시도, 늘 불확실하고 한 번도 성공하지 못한 시도일 뿐이다.

  산책하는 동안 머릿속에서 꼬리를 물고 스쳐가는 단상들

을 한번 적어보라. 간밤에 꾼 단순한 꿈 하나라도 적어보라! 예를 들어 어떤 남자가 처음에 지팡이로 당신을 위협하다가 나중에는 당신에게 훈장을 수여하는 꿈을 꿨다고 치자. 그 남자는 누구였는가? 곰곰이 생각해보면 그 남자가 어떤 점에서는 당신의 친구와 닮았고 아버지와도 비슷한 면이 있지만 동시에 여성적인 느낌도 있다. 설명할 수는 없지만 누이동생이나 여자 친구를 떠올리는 부분도 있다. 또한 당신을 위협하던 지팡이의 손잡이는 학창 시절에 처음으로 등산하던 때 쓰던 지팡이를 떠올린다. 이렇게 되면 수십만 가지 기억이 한꺼번에 쏟아진다. 당신이 이 단순한 꿈의 내용을 핵심 단어들로 간추려보려고 해도 책 한두 권, 아니 열 권으로도 모자랄 정도다. 왜냐하면 꿈은 영혼의 내용을 들여다보는 창이며 그 내용이란 세계, 곧 당신이 태어난 날부터 오늘까지, 호메로스에서 하인리히 만*까지, 일본에서 지브롤터까지, 시리우스에서 지구까지, 〈빨간 모자〉에서 베르그송*에 이르는 모든 세계 그 자체이기 때문이다. 또한 당신이 꿈을 글로 옮겨 적으려는 시도가 그 꿈을 품고 있는 세계와 연결되듯이 작가가 쓴 작품은 그가 말하고자 했던 것과 연결된다.

거의 100년 동안 학자와 문학 애호가는 괴테의 《파우스트》 제2부를 해석하려 애써왔고 그 과정에서 가장 아름다운 해석과 가장 어리석은 해석, 가장 심오한 해석과 가장 진부한 해석이 모두 등장했다. 그러나 모든 시적 작품에는 그 표면 아래에 이름 붙이기 어려운 모호함, 다시 말해 새로운 심리학 개념인 '상징의 과잉결정'이 숨어 있다. 단 한 번이라도 그 다층적이고 무궁무진한 의미를 인식하지 못한다면, 당신은 모든 시와 사상을 제대로 음미할 수 없다. 일부를 보고 전체라고 착각하고 작품의 본질을 건들지도 못한 해석을 진리라고 믿게 되는 것이다.

  이 세 단계를 오가는 일은 모든 분야의 누구에게나 당연히 가능하다. 건축, 회화, 동물학, 역사 등도 수천 가지 중간 단계를 거쳐 결국 이 세 단계로 경험할 수 있다. 어떤 경우든 가장 자신다워지는 세 번째 단계에 도달하면 독서는 멈추고 시도 예술도 세계사도 해체된다. 그러나 이 단계의 문턱에조차 닿지 못한다면 그 어떤 책이든 과학이든 예술이든 학생이 문법책을 읽듯 피상적으로밖에 보지 못한다.

이 단계의 독자는 아예 아무것도 읽지 않는다.

이미 온 세상이 자기 안에 존재하는데

무엇 때문에 책을 읽겠는가?

신학에 대한 단상

(1932년)

여러 해에 걸친 생각과 기록을 바탕으로 나는 오늘 가장 좋아하는 두 가지 개념을 연결 지어보고자 한다. 하나는 내가 알고 있는 인간 발달의 세 단계라는 개념이고, 다른 하나는 인간의 두 가지 유형이라는 개념이다. 이 가운데 첫 번째 개념은 내게 매우 중요하고 신성하기까지 해서 나는 그것을 진리라고 여긴다. 두 번째 개념은 순전히 주관적이어서 지나치게 진지하게 받아들이지 않기를 바라지만 가끔은 삶과 역사를 관찰하는 데 도움이 되기도 한다. 인간 발달의 길은 (낙원, 어린 시절, 무책임한 최초의 단계인) 순수함에서 시작된다. 그 길은 이후 죄책감으로, 선악의 인식으로, 문화와 도덕, 종교와 인류의 이상에 대한 요구로 이어진다. 차별화된 개인으로서 이 단계를 진지하게 겪어본 사람이라면 누구나 결국 환멸에 이른다. 완벽한 미덕도 완전한 복종도 온전한 봉사도 존재하지 않는다는 통찰, 정의에 도달할 수 없으며 일관된 선 또한 이룰 수 없다는 통찰을 얻게 되기 때문이다. 이런 절망은 좌절로 이어지기도 하지만 때로는 도덕과 법을 초월하는 상태를 체험하고 은총과 구원을 향해 나아가며 새롭고 더 높은 무책임의 단계로 다가가는 정신의 제3영역으로, 간단히 말해 신앙으로 이어지기도 한다. 신앙이 어떤 형태나 표현으로 나타나든 그 내용은 항상 같다. 다시 말해 우리는 가능한 한 선을 추구해야 하지만 이 세상의 불완전성이나 우리 자신의 불완전성에 대해서는 책임이 없으며, 우리를 지배하는 것은 우리 자신이 아니라 우리의 인식을 초월하는 신 또는 '그것'이기에 우리는 그에 복종해야 한다는 것이다.

이것은 유럽식으로, 거의 기독교적인 방식으로 표현된 것이다. (만약 그 반대 흐름인 불교까지 포함한다면 아마도 인류 최고의 신학적 성취라고 할 수 있는) 인도의 브라만교에는 이와 비슷하게 해석될 수 있는 여러 범주가 존재한다. 그 일련의 단계는 대략 다음과 같다. 두려움과 탐욕에 지배당하는 순진한 인간은 구원을 갈망한다. 거기에 이르는 수단이자 길이 바로 본능을 다스리는 수련인 요가다. 그저 육체적이고 기계적인 고행이든 가장 고귀한 정신적 수련이든 요가가 담고 있는 의미는 언제나 같다. 그것은 현상과 감각의 세계를 멸시하는 훈련이며, 우리 안에 깃든 우주적 원리와 하나로 연결되는 영혼, 곧 아트만(ātman)에 대한 자각이다. 요가는 우리의 두 번째 단계와 정확히 일치하며 행위를 통해 구원을 추구한다. 대중은 요가를 어렵게 생각하며 그 가치를 과대평가한다. 순진한 사람들은 고행자를 성자이자 해탈한 자라고 착각한다. 그러나 요가는 하나의 단계에 불과하며 결국 좌절로 끝난다. 붓다의 전설은 (그리고 수백 가지 다른 일화는) 이 모든 것을 명확하게 보여준다. 요가가 은총에 자리를 내줄 때, 그것이 목적을 향한 야망, 집착, 열망, 갈망으로 인식될 때, 꿈같은 거짓 삶에서 깨어나 자신을 영원불변의 존재이자 영혼 중의 영혼, 곧 아트만으로 자각할 때 비로소 그 사람은 삶의 무심한 관찰자가 된다. 그리고 자아의 영향을 전혀 받지 않으면서 마음대로 무엇을 하거나 하지 않을 수 있고, 즐거움을 누리거나 절제할 수 있게 된다. 그의 자아는 이제 온전히 자기 자신이 되었다. [의미상 붓다의 '열반(涅槃)'과 같은] 성인들의 이런 '깨달음'은 우리의 세 번째 단계에 해당한다. 조금 다른 상징 체계를 사용하기는 하지만 노자(老子)에게서도 똑같은 단계를 찾아볼 수 있다. 그의 '길'은 정의를 추구하는 삶에서 더 나아가 무위(無爲)로, 죄악과 도덕률을 넘어 '도(道)'로 이어진다. 이렇듯 인도인과 중국인과 기독교인 사이에서 나타나는 인간의 삶에 대한 동일한 해석을 수년, 수십 년에 걸쳐 점진적으로 확인한 일은 나에게 가장 중요한 영적 체험이었다. 이로써 나는 어디에서나 유사한 상징으로 표현되는 핵심 문제에 대한 나의 직관을 확인했다. 이러한 체험을 통해 나는 인간이 의미 있는 존재이며 인간의 고뇌와 탐구는 시대와 장소를 초월해 하나로 연결된다는 신념을 굳혔다. 오늘날 대다수가 인간의 사고와 체험에 대한 종교적·철학적 표현을 낡은 구시대적 소산으로 여긴다 해도 상관없다. 내가 '신학'이라고 부르는 것이 언젠가 시대에 뒤처져 대체될 일시적인 인간 발달 단계의 산물이라 해도 괜찮다. 예술, 심지어 언어조차 인류 역사의 특정 단계에만 적합한 소통 수단일 뿐이며 결국 낡은 것이 되어 대체될 수 있다. 그러나 각 단계에서 진리를 추구하는 사람들에게는 다양한 인종, 피부색, 언어, 문화가 결국에 다르지 않다는 인식, 여러 민족과 문화가 따로 존재하는 것이 아니라 하나의 인류, 하나의 정신만이 존재한다는 깨달음만큼 중요하고 소중하며 위안이 되는 것은 없다.

다시 한번 정리하자면 인간 발달의 길은 순수함에서 죄책감으로, 죄책감에서 절망으로, 절망에서 좌절 또는 구원으로 이어진다. 다시 말해 도덕과 문화를 남겨둔 채 어린 시절의 낙원으로 돌아가는 것이 아니라 그것들을 넘어 신앙의 힘으로 살아갈 수 있게 되는 것이다.

물론 어느 단계에서든 퇴보할 수 있다. 그러나 각성을 통해 선과 악이 지배하는 영역에서 벗어난 사람이 순수함의 단계로 되돌아가는 경우는 드물다. 반면 이미 은총과 구원을 체험한 사람이 다시 두 번째 단계로 추락해 그 법칙과 불안, 영원히 충족될 수 없는 욕망의 제물이 되는 경우는 매우 흔하다.

영혼의 발달 단계에 대해 내가 아는 것은 여기까지다. 나는 이를 직접 체험하기도 했으며 여러 다른 영혼의 증거를 통해 깨달았다. 역사를 봐도 모든 종교와 삶의 양식에서 이러한 전형적인 체험은 항상 같은 단계와 순서로 나타난다. 다시 말해 먼저 순수함을 상실하고, 이후 법 아래에서 정의를 추구하려는 노력을 하다가, 행위를 통해 죄의식을 극복하려는 헛된 투쟁에 빠져 절망에 이르거나 반대로 깨달음을 얻고 지옥에서 벗어나 변화된 세계와 새로운 형태의 순수함에 도달한다. 인류는 이러한 발달 과정을 장엄한 상징으로 수없이 묘사해왔으며 그중 우리에게 가장 친숙한 것이 바로 낙원의 아담에서 시작해 기독교적 구원에 이르는 길이다.

이런 상징적 표현의 상당수는 우리에게 더 높은 발달 단계를 제시한다. 곧 마하트마(mahatma)*와 신에 이르고, 물질의 허무에서 벗어나고 변화의 고통을 넘어서는 순수한 영적 존재에 이른 경지 말이다. 모든 종교에 이러한 이상이 있는데 그중 내가 최고로 여기는 것은 고통에서 벗어나 있으며 완전무결한 불멸의 존재다. 그러나 이 이상이 고상한 꿈에 불과한 것은 아닌지, 그러한 이상이 실제로 체험되고 현실로 구현된 적은 있는지, 인간이 실제로 신이 된 적이 있는지 등에 대해서는 아는 바가 없다. 다만 영혼의 역사 속 주요 단계에 대해서는 알고 있으며, 그것을 체험한 사람들이라면 그 단계가 실재한다는 사실을 안다. 그토록 꿈꿔온 인간 발달의 더 높은 단계가 실제로 존재하는지 여부는 차치하더라도 그것들이 꿈으로서, 이상으로서, 시로서, 갈망하는 목표로서 존재한다는 사실은 환영할 일이다. 만약 그 단계를 실제로 체험했던 사람이라면 그것에 대해 침묵을 지켰을 테고, 따라서 그러한 체험을 하지 못한 이들은 그것을 전해 듣거나 이해하지 못했을 것이다. 모든 종교의 신성한 전설 속에는 그러한 체험에 대한 암시가 등장하며 설득력 있게 묘사된다. 소규모 종파나 거짓 예언자의 잘못된 교리에서도 이런 체험에 대한 암시가 자주 나타나지만 거기에는 환각이나 의도적인 속임수의 흔적이 역력하다.

영혼의 신비로운 최종 단계나 체험의 가능성만 이해하거나 설명하기 어려운 것이 아니다. 영혼의 여정 중 초기 단계조차도 오직 그것을 직접 체험한 사람만이 이를 이해하고 전달할 수 있다. 최초의 순수 상태에 사는 사람은 죄의식, 절망, 구원의 영역에서 나온 고백을 절대 이해할 수 없으며 그것들이 마치 낯선 민족의 신화처럼 터무니없게 들릴 것이다. 반면 스스로 그것을 체험한 사람이라면 영혼의 전형적인 체험을 이해하고, 타인의 기록에서 이를 마주할 때 설령 그것이 생소하고 낯선 신학의 언어로 쓰였더라도 곧바로 알아차릴 수 있다. 참된 체험을 해본 기독교인이라면 누구나 바울, 파스칼, 루터, 이냐시오와 같은 체험*을 인식하게 된다. 또한 단순히 '기독교적' 체험에 머무르지 않고 신앙의 중심에 한 걸음 더 다가선 기독교인은 다른 상징 언어를 사용하는 다른 종교의 신앙인에게서도 근본적인 영혼의 체험과 그 전형적인 특성을 알아본다.

  본래 기독교도인 나의 영적 역사를 서술하고 그것에서 나의 개인적인 신앙의 방식을 체계적으로 끌어내기란 불가능하다. 내가 쓴 책들은 모두 그러한 시도의 흔적이다. 내 작품에 매우 특별한 의미와 가치를 부여하는 일부 독자는 그 안에서 자신의 가장 중요한 체험, 승리와 패배를 분명하게 확인할 수 있다. 물론 그런 독자는 많지 않고 애초에 영적 체험을 하는 사람 자체가 많지 않다. 사람들은 대부분 진정한 인간이 되지 못한 채 갈등과 성장의 전 단계인 유아기적 원초 상태에 머문다. 대부분은 '두 번째 단계'조차 알지 못하고 본능과 유아기적 꿈이 지배하는 무책임한 동물의 세계에 머무른다. 그들에게는 자신의 어스름을 넘어선 상태, 선과 악, 선과 악에서 비롯된 절망, 고난에서 벗어나 은총의 빛 속으로 나아가는 전설 같은 이야기가 터무니없게 들릴 것이다.

인간의 개성화(individuation)*와 영혼의 역사를 이뤄내는 방식은 수천 가지다. 그러나 이 역사의 길과 그 단계의 순서는 언제나 동일하다. 이처럼 굳건한 길을 다양한 사람이 얼마나 다양한 방식으로 마주하고 그 과정에서 고군분투하며 고통받는지 관찰하는 일이야말로 역사가, 심리학자, 시인에게 가장 보람 있고 가슴 뛰는 일일 것이다.

다채로운 그림책 같은 세상을 합리적으로 파악하고 체계적으로 분류하려는 시도 가운데에서도 가장 눈에 띄는 것은 인류를 유형별로 나누고 정리하려는 오랜 노력이다. 나 또한 나만의 방식과 경험을 바탕으로 인간을 근본적으로 대립하는 두 유형으로 나눴다. 지금부터는 이를 통해 변치 않는 인간의 길을 경험하는 두 가지 상반된 방식을 보여주겠다. 물론 나도 '인간의 기본 유형'을 나누는 일이 놀이에 불과하다는 점을 잘 알고 있다. 인간의 유형은 그 가짓수가 정해져 있지도 않고 무한하지도 않다. 어떤 분류 이론을 곧이곧대로 믿는 것만큼 철학자에게 치명적인 일은 없다. 하지만 사람들이 끊임없이 무의식적으로 유형을 분류하는 것은 놀이이자 수많은 경험을 다루려는 시도이며, 부족하게나마 경험 세계를 정리하려는 일이기도 하다. 어린아이조차 주변 사람을 아버지, 어머니, 유모라는 원형에 따라 유형별로 구분한다. 나는 경험과 독서를 통해 인간을 두 가지 주요 유형으로 나누게 됐다. 바로 '이성적 인간'과 '종교적 인간'이다. 나에게 세상은 이 거칠고 단순한 도식에 따라 나뉜다. 물론 세상을 이렇게 편리하게 분류할 수 있는 건 잠시뿐이고 이내 세상은 풀기 어려운 수수께끼로 되돌아간다. 혼란스러운 세상에서 지식과 통찰을 통해서 얻을 것이라고는 순간 내비치는 가상의 질서, 혼돈이 우주의 질서처럼 보이는 찰나의 행복밖에 없다.

그러한 행복의 순간에 '이성과 종교'라는 도식으로 세계사를 바라보면 인류가 이 두 가지 유형만으로 완벽하게 분류되는 것만 같다. 역사적 인물이 어떤 유형에 속하는지, 나 자신은 어떤 유형인지 정확히 알고 있다고 생각한다. 나는 이성적 인간이 아니라 종교적 인간에 속한다. 그러나 다음 순간, 그 즐거운 정신적 흥분이 사라지면 깔끔하게 정리되었던 세계는 다시 무의미한 혼돈으로 무너져내리고, 방금까지 너무나 명확해 보였던 것, 곧 붓다나 바울, 카이사르 또는 레닌이 두 유형 중 어느 쪽에 속했는지를 이제는 도무지 알 수 없게 된다. 게다가 나 자신에 대한 확신조차 사라진다. 조금 전만 해도 내가 종교적 인간이라고 확신했지만 이제는 내 안에서 이성적 인간의 특징, 그중에서도 가장 불쾌한 특징이 하나씩 발견되기 시작한다.

모든 지식이 그러하다. 지식은 행동이다. 지식은 경험이다. 지식은 지속되지 않는다. 지속되더라도 찰나일 뿐이다. 그러니 이제부터 체계적 방법론을 내려놓고 나의 정신적 놀이에 틀이 되어주는 두 가지 유형을 대략적으로 설명하겠다.

이성적 인간은 인간의 이성을 가장 신뢰한다. 그에게 이성이란 훌륭한 재능을 넘어 궁극의 가치다.

이성적 인간은 세계와 삶의 '의미'가 자기 안에 있다고 믿는다. 이런 사람은 개인적 차원에서의 엄격한 질서와 목적이라는 표상을 세계와 역사에까지 투사한다. 이런 이유로 이들은 진보를 믿는다. 이들은 오늘날의 인간이 이전 시대보다 총을 더 잘 쏘고 더 빨리 여행한다고 생각하지만 이러한 진보의 반대편에 있는 수많은 퇴보는 인정하려 하지 않고 인정해서도 안 된다고 생각한다. 이들은 특정한 기술력을 더 높이 끌어올린 오늘날의 인간이 공자, 소크라테스, 예수보다 더 높은 단계로 진화했다고 생각한다. 이성적 인간은 지구가 인간의 착취 대상이라고 믿는다. 이들이 가장 두려워하는 적은 죽음이다. 이들은 삶과 행위의 덧없음을 떠올리지 않으려고 애쓰고, 이런 생각을 피할 수 없을 때는 갑절로 노력하며 죽음에 맞서거나 소유 행위에서 도피처를 찾는다. 재산을 쌓고 지식을 얻고 법률을 세우고 세계를 합리적으로 지배하려 하는 것이다. 이들의 불멸에 대한 믿음은 곧 진보에 대한 신념이다. 이들은 자신이 영원히 이어지는 진보의 사슬에서 고리 하나를 이루고 있으며 따라서 소멸하지 않는다고 믿는다.

이성적 인간은 때때로 진보를 믿지 않고 합리적 이상 실현을 방해하는 종교적 인간에게 증오와 분노를 보인다. 혁명가들의 광신적인 모습, 진보적이고 민주적이며 이성적이고 사회주의적인 저술가가 신념이 다른 이들을 두고 드러냈던 극심한 초조함을 떠올려보면 이해가 쉬울 것이다.

자신의 신념을 실천하는 데 있어 이성적 인간은 종교적 인간보다 더 확신에 차 있다. 그는 이성이라는 여신의 이름으로 명령하고 조직하며, 동료 인간에게 권력을 행사하는 것이 정당하다고 생각하고, 위생, 도덕, 민주주의 등 자신이 생각하는 선(善)을 강요할 권리가 있다고 믿는다.

이성적 인간은 '선'을 실현하기 위해서라도 권력을 추구한다. 이들의 가장 큰 위험성이 바로 이런 권력의 추구와 남용, 명령을 내리려는 욕망, 공포정치에 있다. 농부가 매 맞는 상황을 도저히 참을 수 없었던 트로츠키*도 자신의 이념을 위해서는 아무런 거리낌 없이 수십만 명을 학살했다.

이성적 인간은 체계에 쉽게 매료된다. 이성적 인간은 권력을 추구하고 실제로 권력을 손에 넣기 때문에, 종교적 인간을 경멸하고 미워하는 데 그치지 않고 그들을 박해하거나 법정에 세우고 심지어 죽이기도 한다. 그들은 권력을 쥐고 '선을 위해' 그 권력을 행사할 책임이 있다고 생각하며, 이를 위해서는 모든 수단 심지어 총포까지 정당하다고 생각한다. 이성적 인간은 자신이 생각하는 '어리석음'과 자연이 여전히 너무나 강력한 힘을 발휘하는 모습을 보며 때로는 절망에 빠지고 때로는 그것들을 박해하고 처벌하고 죽여야 한다는 사실에 괴로워한다.

이들에게 최고의 순간은 온갖 반대 증거에도 불구하고 이성이야말로 세상을 창조하고 지배하는 정신과 본질적으로 하나라는 믿음이 마음속 깊이 울려 퍼질 때다. 이성적 인간은 세계를 합리화하고 세계에 폭력을 행사한다. 이들은 엄숙하고 진지하다. 이들은 설교자다.

이성적 인간은 본능을 불신한다. 이들은 자연과 예술 앞에서 불안함을 느낀다. 때로는 그것들을 경멸하고 얕보지만 때로는 미신처럼 과대평가한다. 수백만 달러를 주고 오래된 예술 작품을 사들이거나 조류와 야생 동물, 원주민 보호구역을 지정한 사람도 바로 이들이다.

반면 종교적 인간이 가진 신념과 삶에 대한 태도의 바탕에는 경외심이 있다. 이는 두 가지 주요 특징으로 나타난다. 하나는 자연을 향한 강한 감각이고 다른 하나는 이성을 초월한 세계질서에 대한 믿음이다. 종교적 인간 역시 이성이 훌륭한 재능이라고 생각하지만 그것이 세상을 인식하고 더 나아가 세계를 통제하는 데 적절한 수단이라고는 생각하지 않는다.

종교적 인간은 인간이 지구에 딸린 존재라고 생각한다. 이들은 죽음과 덧없음의 공포에 사로잡힐 때면 창조자가 (또는 자연이) 이러한 무시무시한 수단을 통해 어떤 목적을 이루려 한다는 믿음에서 도피처를 찾는다. 또한 죽음에 관한 생각을 잊거나 억누르지 않고 오히려 두려움에 떨면서도 경외심을 품고 더 높은 뜻에 헌신하는 것을 미덕으로 여긴다.

이들의 본보기는 이성이 아니라 자연이므로 이들은 진보를 믿지 않는다. 자연에서는 진보를 찾아볼 수 없고, 뚜렷한 최종 목표 없이 스스로 발산하고 드러내는 무한한 힘만 드러나기 때문이다.

종교적 인간도 때때로 이성적 인간에게 증오와 분노를 느낀다. 성경에서도 불신과 세속적 이상을 노골적으로 비난하는 대목이 자주 등장한다. 그러나 종교적 인간에게는 드물게나마 숭고한 순간이 찾아오며 이때 번뜩이는 영적 감정을 경험한다. 이를 통해 이들은 이성적 인간들의 광신과 야만성, 전쟁, 고상한 이상을 명목으로 자행된 온갖 박해와 억압마저 결국 신의 뜻임을 믿게 된다.

종교적 인간은 권력을 추구하지 않으며 남에게 강요하기를 꺼린다. 이들은 명령하기를 좋아하지 않는다. 이것이 이들의 가장 큰 미덕이다. 반면 진정으로 추구해야 하는 가치 있는 일에 대해서는 지나치게 미온적이어서 정적주의(靜寂主義)*와 자기 성찰에 빠지기 쉽다. 이들은 자신의 이상을 실현하기 위해 노력하지 않고 그저 이상을 마음속에 품고 있는 것으로 만족하는 경우가 많다. 신이 (또는 자연이) 우리보다 훨씬 강하기 때문에 자신은 굳이 개입하지 않아도 된다고 생각하는 것이다.

종교적 인간은 신화에 쉽게 매료된다. 이들은 누군가를 미워하거나 경멸할지언정 박해하거나 죽이지는 않는다. 소크라테스나 예수는 박해하거나 죽이는 자가 아니라 핍박받는 자였다. 반면 종교적 인간은 때로 너무 큰 책임을 무모하게 떠맡

기도 한다. 그는 선한 이상을 실현하는 데 미온적 태도로 일관한 일뿐 아니라 적이 자신을 죽임으로써 짓는 죄에 대해서도 책임을 떠안는다.

종교적 인간은 세상을 신화화하는데, 이 때문에 가끔은 세상을 진지하게 받아들이지 않는다. 이들은 조금 장난스러운 경향이 있다. 이들은 아이들을 교육 대상이 아니라 축복받은 존재로 생각한다. 또한 자신의 이성을 불신하는 경향이 있다.

종교적 인간은 자연과 예술에서 안정감과 편안함을 느끼지만 교육과 지식에 대해서는 불안함을 느낀다. 때로는 그것들을 어리석은 것이라고 경멸하며 홀대하지만 때로는 미신처럼 과대평가한다. 극단적인 예를 살펴보자. 종교적 인간이 원치 않게 이성의 톱니바퀴에 휘말려 이성적 인간의 명령에 따라 소송이나 전쟁에 참여했다가 패했다고 하자. 이때 양쪽 모두에게 책임이 따른다. 이성적 인간에게는 사형, 감옥, 전쟁, 총포를 있게 한 책임이 있다. 종교적 인간에게는 이 모든 것을 저지하려는 어떤 노력도 하지 않았다는 책임이 있다. 세계사에서 종교적 인간이 이성적 인간에게 죽임을 당한 사건 중 가장 분명하고 상징적인 두 소송 사건, 곧 소크라테스와 예수 그리스도의 재판은 섬뜩한 양면성을 보여준다. 아테네 시민과 빌라도는 체면을 잃지 않고도 피고인을 풀어줄 방안을 찾을 수 있지 않았을까? 소크라테스나 예수는 상대가 죄를 짓도록 내버려두는 일종의 영웅주의적 잔혹함으로 상대를 이기려 하지 않고, 약간의 노력을 통해 얼마든지 비극을 막을 수 있지 않았을까? 그럴 수 있었을 것이다. 하지만 비극은 결코 막을 수 없는 것이다. 비극은 불행한 사고가 아니라 대립하는 두 세계의 충돌이기 때문이다.

지금까지 '종교적 인간'과 '이성적 인간'의 대조되는 모습을 살펴봤다. 이때 이 두 용어의 심리학적 의미를 염두에 두길 바란다. 물론 언뜻 생각해보면 (예를 들어 종교재판처럼) '종교적 인간'이 칼을 휘두르고 '이성적 인간'이 피를 흘린 경우가 많았다. 그러나 내가 말하는 종교적 인간이란 성직자를 의미하지 않고 이성적 인간 역시 사유를 즐기는 사람을 뜻하지는 않는다. 에스파냐의 종교재판소가 어느 '자유사상가'를 화형에 처했을 때 이성적 인간이자 조직자인 권력자는 바로 그 종교재판관이었고 희생자는 종교적 인간이었다.

덧붙이자면 내 도식이 다소 억지스러운 측면이 있기는 하지만 나는 종교적 인간의 유능함이나 이성적 인간의 천재성을 부정하려는 의도가 전혀 없다. 천재성은 양쪽 모두에서 꽃피운다. 이상주의, 영웅주의, 희생정신도 마찬가지다. 나는 '이성적 인간'인 헤겔, 마르크스, 레닌(궁극적으로는 트로츠키까지)

모두 천재라고 생각한다. 반면 톨스토이처럼 폭력을 반대한 종교적 인간은 이상을 실현하기 위해 큰 희생을 치러야 했다.*

내가 보기에 천재적인 사람은 겉으로는 자신이 속한 유형에서 특별하고 성공적인 본보기로 통하면서도 내면으로는 정반대 유형에 대한 은밀한 동경과 묵묵한 존경을 품고 있는 것 같다. 숫자에만 몰두하는 사람은 감정에 치우친 사람만큼이나 결코 천재라고 할 수 없다. 몇몇 사람은 이 두 기본 유형을 오가며 어느 하나를 억압하지 않고 오히려 둘 다를 강화하는 상반된 재능을 타고난다. 대표적인 예가 바로 (파스칼* 같은) 신앙심 깊은 수학자다.

종교적 천재와 이성적 천재가 서로를 잘 알고 은밀히 사랑하며 서로에게 끌리는 것처럼, 우리 인간이 할 수 있는 최고의 정신적 체험은 이성과 경외심 사이의 조화이며, 위대한 두 대립자가 결국 하나이며 동등함을 깨닫는 일이다.

최종 고찰

결론적으로 두 도식을 서로에게 적용해보자. 인간 발달 과정의 세 단계를 인간의 두 가지 기본 유형에 대입해보면 세 단계의 의미 자체가 두 유형 모두에서 동일하다는 점을 알게 된다. 그러나 동시에 두 유형이 맞닥뜨리는 위험과 희망이 다르다는 사실도 알게 된다. 어린 시절과 자연적인 순수함은 두 유형 모두에게 비슷하게 나타난다. 하지만 인간 발달의 첫 번째 단계, 곧 선과 악의 영역으로 들어서면서부터 달라진다.

종교적 인간은 더 어린아이 같아서 꺼림칙한 마음에도 불구하고 어쩔 수 없이 낙원을 떠나 죄책감을 경험한다. 대신 그다음 단계인 죄악에서 은총으로 나아가는 과정에서 더욱 강한 날개를 갖게 된다. 이들은 [프로이트가 '문명 속의 불만(Das Unbehagen in der Kultur)*이라고 부른] 중간 단계에 되도록 관심을 두지 않고 거기에서 빨리 벗어나고자 할 것이다. 죄악과 불편의 영역에서 느끼는 본질적 거리감 덕분에 어떤 상황에서는 구원의 단계로 올라가기가 한결 수월해진다. 그러나 때로는 낙원으로, 선과 악이 없는 책임 없는 세상으로 도망치고 싶은 유아적인 충동을 느끼고 실제로 도망쳐버리기도 한다.

반면 이성적 인간에게는 죄악의 단계이자 문화, 활동, 문명의 단계인 두 번째 단계야말로 진정한 고향이다. 이들은 어린 시절을 성가신 짐으로 느끼지 않으며, 기꺼이 일하면서 책임을 마다하지 않고, 잃어버린 어린 시절을 그리워하지도 않는다. 또한 선과 악에서 해방되기를 딱히 갈망하지 않는다. 종교적 인간에 비해 이성적 인간은 도덕과 문화를 통해 문제를 해결할 수 있다는 믿음에 더욱 쉽게 빠진다. 종교적 인간에 비해 이들은 절망이라는 중간 단계, 곧 자신의 노력이 좌절되고 정의가 가치를 잃어버리는 상태에 쉽게 도달하지 못한다. 하지만 이들은 절망에 빠진다 해도 종교적 인간과 달리 아무런 책임도 없는 태초의 세계로 도피하려는 유혹에 쉽게 굴복하지는 않는다.

순수함의 단계에서 종교적 인간과 이성적 인간은 서로 성향이 다른 아이들이 싸우듯이 대립한다.

두 번째 단계에서는 서로를 의식한 상극들이 마치 숙적인 나라들처럼 격렬하고 치열하게 싸운다.

세 번째 단계에서 이들은 다투면서도 서로를 낯선 존재가 아닌 의존하는 상대로 바라보기 시작한다. 그들은 서로를 사랑하고 서로를 갈망하기 시작한다. 바로 여기서부터 인간의 눈으로는 아직 목도한 적 없는 인류의 가능성으로 가는 길이 열린다.

우리 인간이 할 수 있는 최고의 정신적 체험은

이성과 경외심 사이의 조화이며, 위대한 두 대립자가 결국

하나이며 동등함을 깨닫는 일이다.

이집트 조각상 전시회에서

보석이 된 눈동자로
그대들은 고요히 그리고 영원히
우리 후대의 형제들을 바라본다
사랑도 그리움도 찾아볼 수 없구나
그대들의 반짝이고 매끄러운 모습에서는
왕족이자 별들의 형제자매
범접할 수 없는 그대들은 한때
사원들 사이를 거닐었고
마치 아득한 신의 향기처럼, 오늘까지도
거룩함은 그대들의 이마를 감싸고
위엄은 그대들의 무릎을 감돌며
그대들의 아름다움은 평온히 숨 쉬니
그대들의 고향은 영원이어라

그러나 우리, 그대들의 어린 형제들은
신 없는 혼란의 삶을 비틀거리며 살아가고

열정의 모든 괴로움을 향해
타는 듯한 그리움을 향해
우리의 떨리는 영혼은 탐욕스럽게 열려 있으니
우리의 종착지는 죽음이오
우리의 신념은 덧없음이라
아무리 멀리 떨어진 시간이라도
우리의 애절한 형상을 막지는 못한다
그렇지만 또한 우리 안에도
비밀스러운 정신적 친밀감의 표식이
영혼 깊숙이 새겨져 있다네

우린 그대들에게서 신을 예감한다
침묵하는 과거의 형상들이여
두려움 없는 사랑을 느낀다, 보아라
우리는 그 어떤 존재도, 죽음조차도 미워하지 않으니
고통도 죽음도
우리의 영혼을 위협하지 못하리
우리는 더 깊이 사랑하는 법을 배웠으니!
우리의 심장은 새의 심장
바다와 숲의 심장이며, 또한 우리는

노예와 비천한 자를 형제라 하고
짐승과 돌에도 사랑스러운 이름을 붙이노라
이와 같이 그 형상도
덧없는 우리 존재의 형상도
단단한 돌이라 한들 우리보다 오래 남지는 못하리라
그 형상은 미소 지은 채로 사라지지만
또한 덧없는 태양 빛의 먼지 속에서
순간마다 새로운 기쁨과 고통을 향해
쉼 없이, 그리고 영원히 부활하리

삶의 철학을 향한 우리 시대의 갈망

(1926~1927년)

산업화가 완벽한 승리를 거둔 후 불과 수십 년 사이에 지구 표면의 모습은 완전히 달라졌고, 전 세계 도시와 자연환경이 끔찍한 변화를 겪었다. 한편 인간의 영혼과 정신에도 그에 못지않은 혁명이 불어닥쳤다. 세계대전이 발발한 뒤 몇 년 사이에 이런 변화가 매우 급격하게 전개되고 있다. 우리 같은 장년층이 어린 시절에 교육받았고 영원불변하리라 여겼던 문화가 이제 종말과 파멸을 맞이했다고 해도 과언이 아니다. (두 세대 만에 큰 변화를 겪지는 않는 다른 동물종과 마찬가지로) 인간의 육체 자체는 변하지 않았지만 우리의 정신적 삶을 지배하는 이상과 상상, 꿈과 소망, 신화와 이론은 완전히 달라졌다. 본질적으로 대체 불가능한 것들이 영원히 사라지고 파괴되었으며, 상상조차 할 수 없었던 새로운 것들이 그 자리를 차지하고 있다. 특히 대다수 문명 세계에서 질서 있는 삶의 기반을 이루던 문화와 윤리, 종교와 도덕이 파괴되어 사라졌다. 우리 삶에서 예의범절은 완전히 사라져버렸다. 사람들 사이의 적절하고 품위 있는 행동에 관한 전통적이고 확고한 불문율이 더 이상 존재하지 않는 것이다.

어디로든 잠시 여행을 떠나보면 도덕성이 붕괴하는 현장을 생생하게 확인할 수 있다. 그러나 아직 산업화 초기 단계에 있는 지역, 농민과 도시민의 전통이 현대식 사업가와 공장 노동자의 방식보다 강한 힘을 발휘하는 지역에서는 교회의 영향력과 권위가 뚜렷한 우위에 있으며, 전통이라 부르던 것들이 변함없이 남아 있다. 이렇듯 '지체된' 지역에서는 현대 사회로 넘어오면서 사라진 교류, 인사, 대화, 사회 질서, 축제와 놀이가 살아 있다. 이런 잃어버린 전통을 미약하게나마 대체하기 위해 평범한 현대인이 택한 것은 무엇일까? 바로 유행이다. 사람들은 때마다 바뀌는 유행을 좇아 사교 활동에서의 여러 규칙을 배우고, 상황에 맞는 세련된 표현이나 유행어, 춤, 노래를 따라 한다. 아무것도 없는 것보다는 낫겠지만 유행이란 것은 쉽게 사라져 덧없고 허망하다. 민속놀이는 사라지고 그 자리를 시절에 따라 유행하는 오락거리가 차지했다. 민요는 없어지고 지난달의 유행가만 있을 뿐이다.

  우리 삶의 외형을 가꾸고 전통과 관례에 따른 행동을 편하게 만들어주는 것이 관습이라면, 한층 깊은 인간의 욕구를 충족시켜주는 것은 종교와 철학이다. 관행과 관습의 문제에서, 복장과 대화에 관해서, 스포츠와 사교의 장에서 인간은 (그것이 비록 유행에 따른 하루짜리 이상일지라도) 어떤 이상에 기초해 만들어진 타당한 모범을 찾곤 한다. 그러나 이 영역에서만 인간에게 길잡이가 필요한 것은 아니다. 존재의 더 깊은 층위에서도 인간은 자기가 실행하고 추구하는 일의 보람을 찾고자 하며 자기 삶의 가치와 죽음의 의미를 알고 싶어한다. 이런 종교적 또는 형이상학적 욕구는 음식과 주거, 사랑에 대한 욕구만큼이나 오래되었고 중요하다. 평온하고 문화적으로 안정된 시대에는 교회와 체계적인 철학을 통해 그 욕구가 충족되었다. 하지만 오늘날 같은 시대에는 세습되는 종교뿐 아니라 학구적인 철학도 불안과 환멸의 대상이 되며 이에 따라 새로운 양식, 새로운 해석, 새로운 상징, 새로운 근거가 필요하다는 공감대가 생겨났다. 이 시대의 정신적 삶을 보여주는 특징으로는 세습 체계의 약화, 인간의 삶을 새롭게 해석하려는 광적 열망, 수많은 대중 종파와 예언자와 신흥 교단 설립자의 난립, 극단적인 미신의 무분별한 확산을 꼽을 수 있다. 영성이 부족하고 피상적이고 생각하기를 싫어하는 사람이라도 자기 삶에서 무언가 의미를 찾고자 하는 원초적 욕구가 있기 마련인데, 만약 이런 사람이 더 이상 어떤 의미도 찾지 않는다면 도덕성은 사라지고 개인의 삶에는 극도로 고조된 이기심과 깊은 죽음의 공포가 흐르게 된다. 요양원과 정신병원에서, 매일 정신분석가에게 전달되는 자료에서 이러한 시대적 징조를 분명히 읽어낼 수 있다.

그러나 우리의 삶이란 오르막과 내리막, 쇠퇴와 재건, 몰락과 부활이 끊임없이 이어지는 직물과 같다. 따라서 우리 문화의 붕괴를 알리는 온갖 불길하고 어두운 징조의 반대편에는 형이상학적 욕구가 새롭게 깨어나고, 새로운 영성이 형성되며, 우리 삶의 의미를 새롭게 해석하고자 열정적으로 몸부림치고 있다는 희망적 징조도 존재한다. 현대의 시는 이러한 밝은 징조로 가득하고 현대미술도 마찬가지다. 우리에게 더욱 절실하게 필요한 것은 사라져가는 문화적 가치를 대체할 대안, 새로운 형태의 종교와 사회다. 천박하고 터무니없는 대안, 심지어 해롭고 위험한 대안까지도 이미 차고 넘친다. 이 새롭고 유망한 영역에서 선견자와 선동가가 판을 치고, 협잡꾼과 사기꾼이 거룩한 인물로 둔갑하며, 허영과 탐욕이 넘쳐난다. 하지만 이런 슬프면서도 우스꽝스러운 부작용에 속아서는 안 된다.

영혼의 각성, 신을 향한 새로운 갈망이라는 격렬한 불길, 전쟁과 궁핍에서 촉발된 이 열기는 진지하게 받아들여야 하는 경이로운 힘이자 열정이다. 비록 전 세계를 휩쓸고 있는 이 갈망이라는 강력한 정신적 흐름 주변에 종교를 거래하느라 바쁜 업자들이 숨어 있다고 해도 우리는 이 운동의 위대함과 가치, 중요성을 곡해해서는 안 된다. 그 강력한 흐름은 유령을 믿는 순진함부터 진지한 철학적 사변까지, 사이비 종교의 원시적 부흥회부터 삶에 대한 진정한 재해석의 암시까지 수천 가지 형태와 단계로 나타난다. 그리고 이는 전 지구를 휩쓸며, 미국의 크리스천 사이언스*와 영국의 신지학*, 배화교와 새로운 수피즘, 슈타이너의 인지학* 및 수백 개의 유사 종파까지 아우른다. 이 흐름은 카이절링 백작을 세계 일주와 다름슈타트의 실험으로 이끌었고, 리하르트 빌헬름* 같은 중요한 동료 학자들을 협력자로 불러모았으며, 동시에 수많은 주술사, 사기꾼, 어릿광대도 출현시켰다. 논의의 여지가 있는 것과 명백히 기괴한 것 사이의 경계를 내가 감히 정하지는 않겠다. 그러나 매우 의심스러운 현대의 여러 가지 비밀 결사, 비밀 집회, 형제단의 창시자, 미국에서 유행하는 대범할 정도로 천박한 몇몇 종교, 맹신을 요구하는 광신적 심령술사와 달리 훨씬 더 뛰어나고 훌륭한 업적과 고귀한 현상도 존재한다는 사실을 말하고 싶다. 예를 들어 노이만*이 번역한 불교 경전들이 널리 퍼지는가 하면 리하르트 빌헬름은 위대한 중국 문인들의 작품을 번역했으며, 수 세기 동안 유럽에 거의 알려지지 않았던 사상가 노자가 갑자기 화려하게 등장해 지난 30년 동안 거의 모든 유럽 언어로 번역되며 유럽 사상을 사로잡았다. 독일 11월 혁명*이라는 놀랍고 자극적인 혼란 속에서도 란다우어*나 로자 룩셈부르크*처럼 순수하고 고귀하고 오래도록 기억될 인물들이 등장했듯이, 현대의 종교 실험이라는 거친 격동 속에서도 여러 고귀한 인물을 찾아볼 수 있다. 예를 들어 스위스 설교자인 라가츠* 같은 신학자, 말년에 가톨릭으로 개종한 프레데릭 판 에덴* 같은 인물이 있다. 독일에서는 특이하게도 한때 극작가였고 다다이즘의 창시자 중 한 명이었던 후고 발*이 단호한 반전주의자로서 전쟁으로 치닫던 독일 정신을 비판하고 결국 은둔자가 되어 《비잔틴 기독교》라는 훌륭한 저서를 남겼다. 유대인도 빼놓을 수 없다. 예를 들어 마르틴 부버*는 현대 유대교에 더욱 심오한 목표를 제시했으며 저서를 통해 종교라는 정원에서 가장 아름다운 꽃 중 하나인 '하시딤(Hasidim)'*의 경건함을 우리에게 되돌려줬다.

이제 독자들은 이렇게 질문할 것이다. "그렇다면 이 모든 것이 어디로 이어지는가? 그 결과는 무엇이며 궁극적인 목표는 무엇인가? 우리 같은 보통 사람은 무엇을 기대할 수 있는가? 여러 새로운 종파 중 하나가 세계적인 종교로 성장할 가능성이 있는가? 새롭게 등장한 사상가가 전에 없던 광범위한 철학을 구축할 수 있는가?"

오늘날 많은 이가 이런 질문에 대해 긍정적인 답을 내놓는다. 새로운 가르침을 따르는 사람들, 특히 젊은 세대 사이에는 우리 시대에 구세주가 탄생하여 새로운 문화와 신앙, 도덕적 지향에 대한 확신을 가져다주리라는 젊은이 특유의 밝고 자신감 넘치는 분위기가 퍼져 있다. 환멸을 느낀 기성세대 비평가의 암울하고 파괴적인 분위기는 새로운 가르침을 신봉하는 젊은이의 순진한 맹신과 대척점을 이룬다. 물론 새로운 신봉자가 오류에 빠져 있을 가능성도 있지만 이런 젊은 목소리가 우울한 기성세대의 목소리보다는 훨씬 듣기 좋다.

우리 시대의 탐구를 향한 강력한 의지, 한편으로 열정적이고 맹목적이며 또 한편으로 신중하면서도 대담한 시도는 존중받아 마땅하다. 이 모든 시도가 실패로 끝나더라도 그것은 여전히 최고의 목표를 향한 진지한 노력이며, 오랫동안 지속되지는 못하더라도 이 시대를 위해 꼭 필요한 과업을 수행한 것이기 때문이다. 또한 그런 시도는 이 모든 상상, 종교적 구조, 새로운 신앙을 도와 사람들이 힘들고 불확실한 삶을 견뎌내고 더 나아가 이 삶을 소중하고 거룩하게 여기게 해준다. 그것이 고상한 자극제나 달콤한 환상에 불과할지라도 결코 하찮은 일이 아니다. 이는 훨씬 더 대단한 것이며 모든 영성과 문화에 필요한 두 가지 과제를 풀기 위해 이 시대의 지식인이라면 반드시 거쳐야 할 학교의 역할을 한다. 그 과제란 첫 번째, 다수에게 확신과 자극을 주고 그들을 위로하며 삶에 의미를 부여하는 일이다. 이에 못지않게 중요하지만 좀 더 은밀한 두 번째 과제는 소수, 곧 미래의 위인이 성장하도록 돕고 그들의 첫걸음을 보호하고 양육하며 숨 쉴 공기를 제공하는 일이다. 기성세대가 물려받은 것과 확연히 다른 우리 시대의 영성은 훨씬 혼란스럽고 거칠며, 전통성이 빈약할 뿐 아니라 수준이 낮고 체계적이지도 않다. 하지만 종합적으로 보면 현대의 이 신비주의적인 영성은 구시대적 자유주의와 초기 일원론이 지배하던 시기의 더 정중하고 수준 높고 전통성 있지만 더 강력하지는 않았던 영성에 비해 결코 열등하지 않다. 솔직히 슈타이너부터 카이절링까지 오늘날의 주류 지성은 과도할 정도로 이성적이어서 대담하지 못하다. 혼돈의 지하 세계로 뛰어들어 파우스트의 '어머니들'*에 귀 기울이고 그토록 갈망하던 새로운 인간성에 대한 비밀 교리를 배우려는 의지 또한 약하다. 오늘날의 지도자가 아무리 영리하고 열정적일지라도 니체의 폭

넓고 심오한 통찰에 미치지 못하고 그의 진정한 계승자라고 할 만한 역량을 갖춘 인물도 찾아보기 힘들다. 우리 시대에는 수많은 상충하는 목소리와 길이 존재하지만 이 모든 것에는 소중한 공통점이 있다. 바로 고통에서 비롯된 헌신을 향한 열렬한 갈망이자 의지다. 이것이야말로 모든 위대한 일의 전제조건이다.

우리 문화의 붕괴를 알리는 온갖 불길하고

어두운 징조의 반대편에는 (…)

우리 삶의 의미를 새롭게 해석하고자

열정적으로 몸부림치고 있다는 희망적 징조도 존재한다.

용어집

인물

겔레르트, 크리스티안 퓌르히테고트(Christian Fürchtegott Gellert, 1715~1769): 독일의 계몽주의 시대를 대표하는 시인으로 그의 우화와 도덕적 교훈시는 괴테에게도 큰 영향을 미쳤다.

노이만, 카를 오이겐(Karl Eugen Neumann, 1865~1915): 오스트리아 출신의 인도학자이자 번역가. 초기 불교 경전인 팔리어 경전을 독일어로 최초 번역하여 유럽에 불교를 본격적으로 소개했다.

라가츠, 레온하르트(Leonhard Ragaz, 1868~1945): 스위스의 개혁교회 신학자. 종교가 사회 정의와 평등을 실현하기 위해 적극적으로 노력해야 한다고 강조하며 종교사회주의를 주창하였다.

란다우어, 구스타프(Gustav Landauer, 1870~1919): 독일의 철학자이자 무정부주의자. 공동체주의적 사회주의를 주창하며 혁명적 이상과 평화주의를 연결하고자 했으나, 1919년 바이에른 평의회 공화국 혁명 실패 후 살해당했다.

레나우, 니콜라우스(Nikolaus Lenau, 1802~1850): 헝가리 태생의 오스트리아 시인. 우수와 정열이 어우러진 독특한 서정시를 발표하여 독일 낭만주의에 큰 영향을 미쳤다.

레싱, 고트홀트 에프라임(Gotthold Ephraim Lessing, 1729~1781): 독일의 대표적인 계몽주의 극작가.

룩셈부르크, 로자(Rosa Luxemburg, 1871~1919): 폴란드 출신의 마르크스주의 혁명가이자 사상가. 제1차 세계대전 반대 운동을 이끌며 혁명적 사회주의를 주창하였으나 1919년 베를린에서 반혁명 세력에게 체포되어 살해당했다.

마이, 카를(Karl May, 1842~1912): 독일의 소설가. 주인공 '올드 섀터핸드'가 펼치는 모험을 일인칭 시점으로 묘사한 소설 시리즈가 큰 인기를 끌었다.

마이어, 콘라트 페르디난트(Conrad Ferdinand Meyer, 1825~1898): 주로 역사적 주제를 다룬 작품을 쓴 스위스의 시인이자 소설가.

만, 하인리히(Heinrich Mann, 1871~1950): 독일의 소설가이자 20세기를 대표하는 지식인. 사회와 권력에 대한 비판적 안목으로 자유 독일 정신의 지주로 평가받는다.

뫼리케, 에두아르트 프리드리히(Eduard Friedrich Mörike, 1804~1875): 독일의 시인이자 소설가.

발, 후고(Hugo Ball, 1886~1927): 독일 출신의 극작가. 다다이즘을 창시하며 기존 예술과 질서에 반기를 든 20세기 전위예술의 선구자로 평가받는다.

베르그송, 앙리(Henri Bergson, 1859~1941): 프랑스의 철학자. 생명과 의식, 시간의 본질을 탐구하여 20세기 현대철학과 예술, 과학에 큰 영향을 끼쳤으며 1927년 노벨 문학상을 받았다.

볼프, 후고(Hugo Wolf, 1860~1903): 오스트리아의 낭만파 가곡 작곡가.

부버, 마르틴(Martin Buber, 1878~1965): 오스트리아의 종교 철학자. '나와 너'의 관계를 기조로 한 인격주의적 철학은 제1차 세계대전 후의 유럽과 미국의 신학, 철학, 정신의학에 큰 영향을 주었다.

브렌타노, 클레멘스(Clemens Brentano, 1778~1842): 독일의 낭만주의 시인.

빌헬름, 리하르트(Richard Wilhelm, 1873~1930): 독일의 신학자이자 중국학자. 유교 경전인 《역경(易經)》을 비롯해 여러 중국 철학 서적을 독일어로 번역했다.

쇠크, 오트마르(Othmar Schoeck, 1886~1957): 스위스의 작곡가.

슐레겔, 프리드리히 폰(Friedrich von Schlegel, 1772~1829): 독일의 문학가이자 평론가. 낭만파의 이론적 지도자이며 주요 작품으로는 《루신데(Lucinde)》 등이 있다.

실러, 프리드리히(Friedrich Schiller, 1759~1805): 괴테와 더불어 독일 고전주의를 대표하는 작가이자 시인. 대표작인 희곡 《빌헬름 텔(Wilhelm Tell)》로 유명하다.

아베나리우스, 리하르트(Richard Avenarius, 1843~1896): 독일의 실증주의 철학자. 주요 저서로는 《순수경험의 비판(Kritik der reinen Erfahrung)》이 있다.

아이헨도르프, 요제프 폰(Joseph von Eichendorff, 1788~1857): 독일 낭만파 서정 시인.

에덴, 프레데릭 판(Frederik van Eeden, 1860~1932): 네덜란드의 정신과 의사이자 소설가. '자각몽'이라는 용어를 처음으로 사용하였으며 꿈을 의식적으로 인식하고 조종하는 현상을 학문적으로 탐구한

19~20세기 유럽 문학과 심리학의 대표적 인물이다.

욥(Job): 구약성경에 등장하는 인물. 극심한 고난과 시련을 겪으면서도 믿음을 잃지 않고 고통의 의미를 탐구했던 자로, 고통받는 의인의 상징이다.

카이절링, 헤르만 폰(Hermann von Keyserling, 1880~1946): 러시아 제국령 리보니아 귀족 출신의 철학자. 지중해와 수에즈 운하를 거쳐 실론, 인도, 중국, 일본 등을 지나 북아메리카까지 여행하면서 그 견문을 기록한 《방랑하는 철학자(Reisetagebuch eines Philosophen)》(1919)로 유명하다. 이 책은 서양의 세계관이 동아시아의 사상과 만나는 모습을 그리며 '세계 일주를 통해 자신을 찾아가는 지름길'을 보여주었다.

타고르, 라빈드라나트(Rabindranath Tagore, 1861~1941): 인도의 시인이자 아시아 최초의 노벨 문학상 수상자. 인도의 문화와 정신을 세계에 알렸으며 대표작으로 시집 《기탄잘리(Gitanjali)》가 있다.

테오프라스토스(Theophrastos, 기원전 371경~기원전 287경): 그리스 소요학파 철학자로 플라톤의 제자이자 아리스토텔레스의 후계자이며, 식물학과 광물학의 아버지로도 불린다. 인간의 성격을 30가지로 구분하여 정리한 저작 《성격론(Ethicoi Charakteres)》은 훗날 프랑스의 작가 장 드 라브뤼예르의 《성격론(Les Caractères)》(1688)에도 영향을 미쳤다.

트로츠키, 레프(Lev Trotsky, 1879~1940): 러시아 혁명가이자 이론가. 볼셰비키 혁명에 중요한 역할을 했으나 스탈린과의 권력 투쟁에서 패배하여 망명 후 암살당했다. 매 맞는 농민에게는 연민을 보였으나 혁명이라는 대의를 위해 수많은 희생을 정당화했던 인물로 평가된다.

파스칼, 블레즈(Blaise Pascal, 1623~1662): 수학과 물리학에서 탁월한 업적을 남긴 파스칼은 신앙에 대한 깊은 성찰을 통해 인간과 신의 관계를 깊이 탐구한 종교적 사상가이기도 하다.

페리클레스(Pericles, 기원전 495?~429): 고대 아테네의 정치가이자 장군으로, 민주주의의 발전과 아테네 황금기의 문화를 이끈 인물.

플리스, 빌헬름(Wilhelm Fließ, 1858~1928): 독일 출신 의사. 프로이트에게 지대한 영향을 끼쳤으며, 인간의 생애에 23일, 28일 등 수학적으로 고정된 생체주기가 있다고 주장했다.

피히테, 요한 고틀리프(Johann Gottlieb Fichte, 1762~1814): 칸트 철학을 계승하여 자아를 통한 주관적 이상주의를 발전시킨 독일 관념론의 대표적인 철학자.

호프만, 에른스트 테오도어 아마데우스(Ernst Theodor Amadeus Hoffmann, 1776~1822): 독일의 낭만주의 작가.

횔덜린, 프리드리히(Friedrich Hölderlin, 1770~1843): 독일의 시인. 후대 지식인들에게 많은 영향을 끼쳤으며, 독일 시문학의 정점이자 독일 현대시의 선구자로 불린다.

용어, 작품, 시구

개성화: 한 개인이 외적 규범과 내면의 갈등을 넘어서 참된 자아를 실현해가는 여정을 뜻하며, 인간 내면의 통합과 성숙을 상징하는 중심 개념.

골드문트: 헤르만 헤세의 소설 《나르치스와 골드문트(Narziß und Goldmund)》의 주인공으로, 수도원의 삶을 떠나 감각적이고 예술적인 삶을 추구하며 자신만의 '황금의 흔적'을 남기는 인물.

노이만의 불교 경전 번역본: 오스트리아 출신의 인도학자 노이만이 옮긴 번역서 《고타마 붓다의 말씀(Die Reden Gotamo Buddhos)》을 지칭한다.

독일 11월 혁명: 1918년 11월에 일어난 혁명. 독일 제국 붕괴와 제1차 세계대전 종결을 이끌고 바이마르 공화국 탄생의 계기가 되었다.

마니륜: 불교에서 불경이나 진언이 새겨진 원통을 회전시켜 기도와 공덕을 쌓는 수행 도구. '마니차(摩尼車)'라고도 한다.

마하트마: 산스크리트어로 '위대한 영혼'을 뜻하며, 도덕적·정신적으로 탁월한 인물에게 붙이는 존경의 칭호.

문명 속의 불만: 프로이트가 동명의 저서에서 사용한 표현으로, 문명이 인간에게 안전을 제공하는 동시에 본능적 욕망을 억압하여 불만과 고통을 초래한다는 주장.

바울, 파스칼, 루터, 이냐시오와 같은 체험: 사도 바울, 블레즈 파스칼, 마르틴 루터, 이냐시오 데 로욜라는 각기 다른 시대를 살았으나 모두 신비한 영적 체험을 통해 깊은 신앙심을 갖게 되었다.

불멸자의 웃음: 헤르만 헤세의 소설 《황야의 이리(Der steppenwolf)》에서 영원하고 고차원적인 존재들이 지닌 웃음으로, 삶의 고통과 비극을 초월하여 모든 것을 긍정하고 받아들이는 지혜와 자유를 상징하는 표현.

신지학: 신비적인 직관이나 특별한 계시를 통해 신의 본질을 인식하려는 종교적 신비주의.

약강오보격: 서양시의 대표적인 운율 형식으로, 약한 음절과 강한 음절의 조합이 한 행에 다섯 번 나타나는 시격이다.

인지학: 오스트리아 학자인 루돌프 슈타이너가 창시한 사상으로, 인류와 우주의 영적 진화를 믿으며 과학과 영성의 조화를 시도한 철학 체계.

정적주의: 수동적 묵상을 통해 내면의 평화와 영적 순종을 이루고자 한 17세기 유럽의 기독교 신비주의 사상.

카발라: 신과 우주의 본질을 상징과 수비학(數祕學)을 통해 탐구하려는 유대교의 신비주의적 해석 체계.

콰트로첸토: 400을 뜻하는 이탈리아어. 서기 1400년대, 곧 회화·조각·건축 등 예술 전반에서 고대의 이상과 인문주의가 꽃피기 시작한 15세기 이탈리아 르네상스를 가리키는 용어.

크리스천 사이언스: 기도를 통해 만병을 치유할 수 있다는 정신 요법을 주장하며 19세기 말 미국에서 설립된 기독교 교파의 하나.

톨스토이와 비폭력주의: 비폭력주의를 실천한 톨스토이는 체제의 탄압과 감시, 가족과의 갈등 속에서 활동에 제약을 겪으며 정신적 고립과 희생을 감수했다.

파우스트의 어머니들: 괴테의 대표작 《파우스트(Faust)》에서 주인공 파우스트는 이상적인 존재 헬레나를 만나기 위해 지하 세계로 내려간다. 그곳에 거주하는 어머니들은 현실 세계와 영원한 원형의 세계를 잇는 존재로, 모든 형상의 원형과 창조적 힘을 상징하며, 파우스트는 이 '어머니들'의 영역에서 새로운 존재와 진정한 인간성의 비밀을 찾고자 한다.

하시딤: '경건한 사람들'을 뜻하는 히브리어로, 유대교에서는 타인을 사랑하는 신실한 마음을 의미한다.

"오 세상이여, 제발 나를 내버려두어라": 독일의 시인이자 목사인 에두아르트 프리드리히 뫼리케의 시 〈은둔(Verborgenheit)〉에 등장하는 시구.

"온 세상을 얻고 영혼을 잃으면 무슨 소용이 있으리오?": 마가복음 8장 36절.

"하나님의 왕국은 너희 안에 있느니라": 누가복음 17장 21절.

4기질론: 인간의 신체와 성격이 네 가지 체액과 밀접하게 연관되며 각각의 체액이 우세할 때 특정한 기질이 나타난다고 주장하는 성격 분류 이론이다. 다혈질, 담즙질, 점액질, 우울질이라는 네 가지 기질로 구분하는 가설. 고대 그리스 의학자 히포크라테스와 로마의 의사 갈레노스에 의해 체계화되어, 중세와 르네상스 시기까지 유럽의 의학과 심리학, 교육, 문학에 큰 영향을 끼쳤다.

6보격: 고대 그리스와 로마 서사시에서 주로 사용된 형식으로, 여섯 개의 운율 단위가 한 행을 이뤄 '장단단 / 장단단 / 장단단 / 장단단 / 장단단 / 장단' 같은 리듬을 만드는 운율 형태.

헤세가 보내는 편지를 엮었습니다.

문장을 따라 필사하거나, 마음속에 떠오르는 생각을

답장을 보내듯 차분히 적어보세요.

001

이토록 사소한 순간으로도
삶의 작은 즐거움이라는
빛나는 목걸이를 엮을 수 있다.

_〈작은 기쁨〉 중에서

구원으로 가는 길은 좌로도 우로도 향해 있지 않다.
그 길은 오로지 자신의 마음을 향해 나 있을 뿐이다.

_〈농가〉 중에서

나는 기꺼이 익어가기를 열망하노라.
나는 죽음을 맞을 준비도,
다시 태어날 준비도 되어 있다.

_〈산길〉 중에서

004

그 사람은 있는 그대로의 자신 외에
다른 어떤 것이 되는 것을 원치 않는다.
그것이 바로 고향이고, 그것이 바로 행복이다.

_〈나무〉 중에서

너는 과연 그 꿈에 쏟은 사랑의 절반이라도,
그만한 정성과 온기의 절반이라도,
그 많은 낮과 밤, 창작의 시간의 절반이라도
친구에게, 아내에게, 자식에게, 너 자신에게 베푼 적 있는가?

_〈은신처〉 중에서

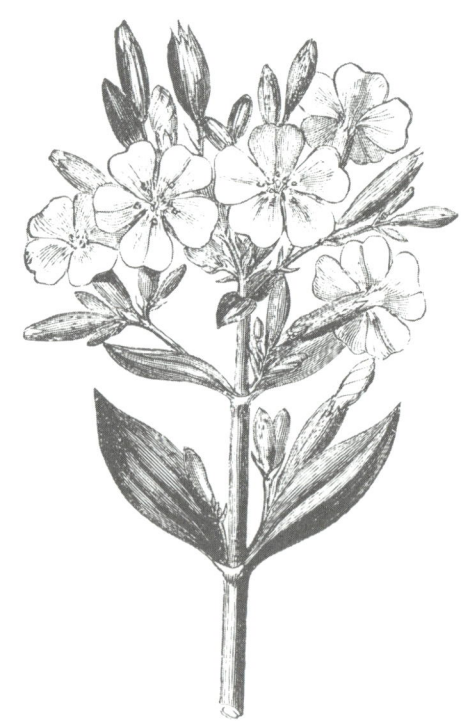

분노와 초조함과 원망과 증오는
어떤 대상에도 영향을 주지 못한 채 나 자신에게 돌아온다.

_〈구름 낀 하늘〉 중에서

007

수많은 성취가 또다시 나에게 실망감을 안겨줄 것이다.
언젠가는 모든 것이 그 의미를 드러내리라.
모든 대립이 사라지는 곳, 그곳에 열반이 있다.

_〈붉은 집〉 중에서

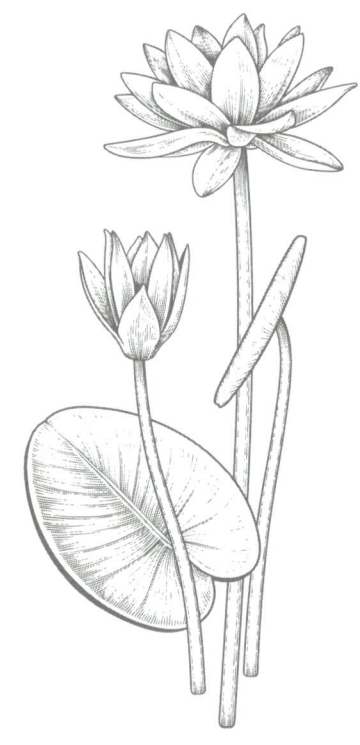

슬퍼하지 말아라, 이내 밤이 올 테니

_〈방랑길에서〉 중에서

완전한 현재 속에서 숨 쉬고,
천체들의 합창에 함께 어울려 노래하며,
세계의 원무에 함께 어울려 춤추고,
신의 영원한 웃음에 함께 웃는 것.

_〈행복〉 중에서

언제나 또다시 이런 나날들이,
불안과 혐오와 절망이 찾아올 것이다.
그렇더라도 나는 여전히 살아 있을 테고
여전히 삶을 사랑하리라.

_〈비 오는 날〉 중에서

우리 대부분은 수년, 수십 년을
소원, 꿈, 욕망, 열정에 이끌려 폭풍처럼 질주하며 살아왔고,
초조하고 긴장한 채로 기대에 들뜨거나
성취나 실망에 몹시 흥분하곤 했다.

_〈노년에 대하여〉 중에서

012

우리 시대에는 수많은 상충하는 목소리와 길이 존재하지만
이 모든 것에는 소중한 공통점이 있다.
바로 고통에서 비롯된 헌신을 향한 열렬한 갈망이자 의지다.

_〈삶의 철학을 향한 우리 시대의 갈망〉 중에서

이곳에서 흐느꼈던 경험이
저곳에서는 용감하게 나아가는 발걸음으로 이어졌고,
어떤 단계에서 느꼈던 고통스러운 감정이
다른 단계에서는 격려, 충동, 자아실현으로 돌아왔다.

_〈나의 일기〉 중에서

014

순간마다 새로운 기쁨과 고통을 향해
쉼 없이, 그리고 영원히 부활하리

_〈이집트 조각상 전시회에서〉 중에서

그럼에도 나는 이 삶을 사랑하므로

초판 발행 · 2025년 10월 29일
초판 2쇄 발행 · 2025년 11월 28일

지은이 · 헤르만 헤세
옮긴이 · 오웅석
발행인 · 이종원
발행처 · (주)도서출판 길벗
브랜드 · 더퀘스트
출판사 등록일 · 1990년 12월 24일
주소 · 서울시 마포구 월드컵로 10길 56 (서교동)
대표전화 · 02)332-0931 | **팩스** · 02)323-0586
홈페이지 · www.gilbut.co.kr | **이메일** · gilbut@gilbut.co.kr
대량구매 및 납품 문의 · 02)330-9708

기획 및 책임편집 · 이민주(ellie09@gilbut.co.kr) | **편집** · 박윤조, 안아람
제작 · 이준호, 손일순, 이진혁 | **마케팅** · 정경원, 김선영, 정지연, 이지원, 이지현
유통혁신팀 · 한준희 | **영업관리** · 김명자, 심선숙 | **독자지원** · 윤정아

디자인 및 전산편집 · 책장점 | **교정교열** · 허유진 | **인쇄 및 제본** · 예림인쇄

· 더퀘스트는 (주)도서출판 길벗의 인문교양·비즈니스 단행본 브랜드입니다.
· 잘못 만든 책은 구입한 서점에서 바꿔 드립니다.
· 인공지능(AI) 기술 또는 시스템을 훈련하기 위해 이 책의 전체 내용은 물론 일부 문장도 사용하는 것을 금지합니다.
· 이 책에 실린 모든 내용, 디자인, 이미지, 편집 구성의 저작권은 (주)도서출판 길벗(더퀘스트)과 지은이에게 있습니다.
  허락 없이 복제하거나 다른 매체에 실을 수 없습니다.

ISBN 979-11-407-1590-9 03850
(길벗 도서번호 040321)

정가 17,500원

독자의 1초까지 아껴주는 정성 길벗출판사
(주)도서출판 길벗 | IT교육서, IT단행본, 경제경영서, 어학&실용서, 인문교양서, 자녀교육서 **www.gilbut.co.kr**
길벗스쿨 | 국어학습, 수학학습, 어린이교양, 주니어 어학학습, 학습단행본 **www.gilbutschool.co.kr**
인스타그램 · thequest_book | 페이스북 · thequestzigi | 네이버블로그 · thequestbook